Joseph Stratner

Wirtschafts- und Verwaltungsgeschichte der Abtei München Gladbach im Mittelalter

Joseph Stratner

Wirtschafts- und Verwaltungsgeschichte der Abtei München Gladbach im Mittelalter

ISBN/EAN: 9783955644024

Auflage: 1

Erscheinungsjahr: 2013

Erscheinungsort: Bremen, Deutschland

@ EHV-History in Access Verlag GmbH, Fahrenheitstr. 1, 28359 Bremen. Alle Rechte beim Verlag und bei den jeweiligen Lizenzgebern.

Wirtschafts- und Verwaltungsgeschichte
der
Abtei München Gladbach im Mittelalter

Joseph Stratner

M. Gladbach 1911.
Druck von W. Hütter G. m. b. H.

Inhaltsangabe.

	Seite
Einleitung	1
Erstes Kapitel. Das Grundeigentum der Abtei, seine Verfassung und Verwaltung	9
§ 1. Klosterland und Hintersassen	9
§ 2. Die örtliche Verwaltung der Klostergüter	39
a. Die älteste Form der örtlichen Verwaltung	39
b. Auflösung des Villikationssystems	43
c. Das Lehenswesen der abteilichen Grundherrschaft	54
Zweites Kapitel. Die Zentralverwaltung der Abtei	59
a. Einheitliche Güterverwaltung von der Zentrale aus. Die geistlichen Beamten an der Zentrale	59
b. Teilung der Einkünfte zwischen Abt und Konvent	65
c. Die Beamten der Abtei weltlichen Standes, Schultheiss und Boten	68
d. Die Verwendung der Einkünfte	71
Schlussbetrachtung	77

Verzeichnis der benutzten Quellen und Literatur.

Quellen.

1. Ungedruckte.

Kgl. Staatsarchiv zu Düsseldorf.

Urkunden: Originalurkunden des Staatsarchivs zu Düsseldorf.

Kopiare: Kopiar III. Aufsätze und Atteste über die Gründung der Abtei, die Advokatie über dieselbe, deren Erbgrundherrlichkeit und Hoheit . . . .

Kopiar IV, 6 Bde. Urkunden über die Verpachtungen der Höfe, Mühlen und Zehnten.

Akten: Akten Nr. 12 q. Zinsregister.

Akten Nr. 22. Liber Feudalis sive Registrum feudorum quae ad Abbatiam S. Viti Martyris in Gladbach spectant. 17. Jahrh.

Akten Nr. 23 b. Liber Churmedialis sive Registrum Churmodarum quae ad Abbatiam S. Viti Martyris in Gladbach spectant. 17. Jahrh.

2. Gedruckte.

Eckertz: Necrologium Gladbacense. Aachen 1881.

Fahne: Die Dynasten, Freiherrn und Grafen von Bocholtz. 3. Bd. Chronikon der Abtei Gladbach. Köln 1856.

P. Ropertz: Quellen und Beiträge zur Geschichte der Benediktiner-Abtei des hl. Vitus in M.Gladbach. Bonn 1877.

Literatur.

Georg von Below: Die landständische Verfassung in Jülich und Berg. 3 Teile. Düsseldorf 1885 — 91.

Benzenberg: Ueber Provinzialverfassung mit besonderer Rücksicht auf Jülich, Kleve, Berg und Mark. I. Bd. Hamm 1819.

B. Brons: Geschichte der wirtschaftlichen Verfassung und Verwaltung des Stiftes Vreden im Mittelalter. Münster 1907. Münstersche Beiträge zur Geschichtsforschung N. F. 11 — 15.

H. Brunner: Deutsche Rechtsgeschichte. 2. Bände. II. Auflage Leipzig 1906.

G. Caro: Beiträge zur älteren deutschen Wirtschafts- und Verfassungsgeschichte. Leipzig 1905.
Eckertz und Noever: Die Benediktiner-Abtei M.Gladbach. Köln 1853.
W. Endemann: Studien in der romanisch-kanonistischen Wirtschafts- und Rechtslehre bis gegen Ende des siebenzehnten Jahrhunderts. Berlin 1874—83.
Theodor von Inama-Sternegg: Deutsche Wirtschaftsgeschichte. Leipzig 1870—1901.
Th. Knapp: Gesammelte Beiträge zur Rechts- und Wirtschaftsgeschichte vornehmlich des deutschen Bauernstandes. Tübingen 1902.
R. Koetzschke: Studien zur Verwaltungsgeschichte der Grossgrundherrschaft Werden an der Ruhr. Leipzig 1901.
Karl Lamprecht: Deutsches Wirtschaftsleben im Mittelalter. Leipzig 1886.
Max Neumann: Geschichte des Wuchers in Deutschland bis zur Begründung der heutigen Zinsengesetze (1654). Halle 1865.
P. Norrenberg: Geschichte der Pfarreien des Dekanats M.Gladbach. Köln 1889.
R. Schröder: Lehrbuch der deutschen Rechtsgeschichte. II. Auflage. Leipzig 1894.
G. Waitz: Deutsche Verfassungsgeschichte.
W. Wittich: Die Grundherrschaft in Nordwestdeutschland.

Einleitung.

In dem heutigen verkehrsreichen, industriellen München Gladbach sind die Spuren der Vergangenheit bis auf wenige bauliche Ueberreste verwischt. Seit Aufhebung der Abtei im Jahre 1802 durch Napoleon I.[1] hat die alte Stadt der Mönche einen ungeahnten Aufschwung zu verzeichnen. Damals noch ein kleines Landstädtchen von 3000 Seelen[2], hat das moderne Gladbach eine Bevölkerungszahl von 68000 aufzuweisen. Dieser ungeheure Aufschwung ist hauptsächlich der Industrie zu verdanken.[3] Das Stadtbild hat in den letzten Jahrzehnten durch rege Bautätigkeit eine vollständige Umgestaltung erfahren. Es sind eine Menge von öffentlichen Bauten, von Wohlfahrts- und Bildungsanstalten, von Kirchen und Denkmälern entstanden. Die wenigen historischen Bauwerke, wie die Münsterkirche, als Kirche des Klosters, die katholische Hauptpfarrkirche und das Abteigebäude erinnern uns an eine Zeit, wo viele Jahrhunderte hindurch ein weit bekanntes und angesehenes Benediktinerkloster vom Gladbacher Hügel aus das Leben der ganzen Gegend beherrschte[4].

Der Kölner Erzbischof Gero, der zweite Nachfolger Brunos, des hervorragenden Kirchenfürsten aus dem sächsischen Königshause, hatte infolge einer Vision, wie uns ein ungenannter

---

[1] Eckertz 235. Ropertz 144.

[2] Unsere Heimat (M.Gladbach 1907, Verlag von Fritz Kerlé) 92.

[3] In der ersten Zeit nach Aufhebung der Abtei war hauptsächlich noch Leinenindustrie vertreten, die aber allmählich von der Baumwollindustrie vollständig verdrängt wurde. Nach einer Arbeiterstatistik aus dem Jahre 1909 waren in M.Gladbach in 554 Fabrikbetrieben aller Art 16883 Arbeiter, im Landkreise Gladbach in 589 Betrieben 18593 Arbeiter beschäftigt.

[4] Das heutzutage zu städtischen Verwaltungszwecken eingerichtete, im Barockstil gehaltene Abteigebäude stammt aus der zweiten Hälfte des 17. Jahrhunderts. Die Münster- oder Abteikirche wurde in der zweiten Hälfte des 11. Jahrhunderts errichtet, dann in den einzelnen

Mönch des Gladbacher Klosters legendenhaft erzählt,[1] den Plan gefasst, in seiner Diözese dem hl. Vitus zu Ehren ein Benediktinerkloster zu gründen. Nach langem vergeblichen Suchen im sächsischen Lande kam er über den Rhein, überschritt die Grenzen seiner Diözese und erreichte den Mülgau »Molensium fines«, wo er den bewaldeten Gladbacher Hügel, an dem ein Bach vorüberfloss, als einen sehr geeigneten Ort für seine Niederlassung wählte.[2] Zur grössten Freude des Bischofs und seines Begleiters, des Mönches Sandradus aus dem Kloster St. Maximin bei Trier, fand man auf dem Hügel einen ausgehöhlten Stein mit den Reliquien des hl. Vitus, Cornelius, Cyprianus, Chrysantus und der hl. Barbara. Diese, für die neue Gründung wertvollen Heiligtümer sollten einst unter Karl dem Grossen von einem Grafen Balderikus[3] einer von ihm auf dem Gladbacher Hügel erbauten Kirche geschenkt worden sein.[4] Die Kirche wurde später zer-

---

Jahrhunderten vielfach umgebaut und renoviert, so z. B. im Jahre 1242 von dem berühmten Kölner Dombaumeister Meister Gerhard im frühgotischen Stil. Im 19. Jahrhundert vernachlässigt und verfallen, wurde sie 1857 wiederhergestellt. Im Jahre 1892 wurde das obere Geschoss des Turmes, eine barocke Zwiebelhaube, durch ein hohes achtseitiges Pyramidendach ersetzt. Der heutige Bau der Pfarrkirche wurde in den Jahren 1469—1533 aufgeführt. Vgl. Paul Clemen, die Kunstdenkmäler der Rheinprovinz. Kreis Gladbach. Düsseldorf 1896. — Unsere Heimat 91.

[1] Die Gründungsgeschichte der Abtei ist in der Zeit von 1066—1091 abgefasst; denn der Verfasser führt seinen Bericht auf Mitteilungen des Abtes Henrikus († 1066) zurück und führt als Gewährsmann für seine wahrheitsgetreue Wiedergabe des Gehörten den Abt Wolphelmus, Neffen des ersteren, an († 1091).

[2] Dem »göttlichen Auftrage« gemäss sollte das Kloster »in colle consito nemoribus, rivulo praeterfluente« erbaut werden. Ropertz 2.

[3] Balderikus ist wahrscheinl. der damalige Graf des Mülgaues gewesen.

[4] In dem Necrologium Gladbacense heisst es unter dem 1. Oktober: »Baldericus comes fundator huius ecclesie ante adventum hungrorum plena memoria Hitta uxor eius.« Aus der Abkürzung pl. m. für plena memoria hat ein späterer Abschreiber fälschlicherweise vel monasterii gemacht. Dieser Irrtum wurde von dem Klosterschriftsteller Sybenius in sein Manuskript (Ropertz 13) aufgenommen, ebenso von Eckertz, jedoch von letzterem in seiner Ausgabe des Necrologium Gladbacense, Aachen 1881, berichtigt.

stört,[1] die Reliquien waren jedoch, der Ueberlieferung zufolge, vorher von den Priestern sorgfältig in einem Stein in die Erde vergraben worden, wo sie nun von Gero und Sandrad, den der Bischof zum ersten Abte seiner neuen Gründung machte, aufgefunden wurden.

Die Zeit der Gründung des Klosters lässt sich mit ziemlicher Genauigkeit an der Hand der Zeitangabe in der Gründungsgeschichte und einer alten Tafel (antiquissima in choro affixa tabella), die sich noch im Jahre 1717 im Chor der Abteikirche befand,[2] bestimmen. Der Verfasser des Gründungsberichtes erzählt uns, dass Abgesandte des Kaisers Otto II. nach Leichlingen an der Wupper kamen, wo Gero zunächst sein Kloster zu gründen gedachte und damals gerade weilte, um dem Kölner Erzbischof den Tod des alten Kaisers und den Thronwechsel anzuzeigen. Nach diesem Berichte zu schliessen, hat der bischöfliche Stifter im Jahre 973 die Abtei gegründet, denn Otto II. bestieg am 8. Mai 973 den deutschen Königsthron; in dem Berichte wird er »recens ordinatus« genannt. Die alte Tafel, von der uns der Abt Petrus Knorr in seiner Schrift berichtet,[3] gibt als die Zeit der Gründung das Jahr 972 an.[4]

Nach diesen beiden Notizen steht es zweifellos fest, dass die Gründung der Abtei in die Zeit des Erzbischofs Gero fällt. Entkleiden wir nämlich den Gründungsbericht seines

---

[1] Der Gründungsbericht führt als die Zerstörer der Kirche des comes Baldericus die Ungarn an, die im Jahre 954 Gallien verwüsteten und auf diesem Zuge auch die Gladbacher Gegend berührt haben sollten. Ropertz in seinen Quellen Seite 339 ist anderer Meinung, er lässt die Normannen die Kirche schon im Jahre 881 einäschern.

[2] P. Clemen, Kunstdenkmäler der Rheinprovinz. Kreis Gladbach 14.

[3] Ropertz 35.

[4] Die Gründungsinschrift lautet folgendermassen:
Dum nongentenus sexagenus duodenus
Annus erat, Christo tibi fundatur locus iste,
Quem Gero quippe fundavit praesul Agrippae,
Vir sanctus tantus, quod adhuc in corpore cantus
Spirituum modulos audivit coelicolorum
Monstrantium loculos et nomina reliquiarum.
P. Clemen, Kunstdenkmäler, Kreis Gladbach 14.

legendenhaften und poetischen Beiwerkes, so bleiben uns Momente, die wir als wirklich historisch ansehen dürfen, vor allem die Namen der Personen und ihre Haupttat, die Gründung der Abtei, die also, wollen wir uns nicht auf die beiden angeführten Jahre festlegen, nicht weit vor 970 und nicht nach 976 stattgefunden haben kann, weil Gero von 969—976 Erzbischof von Köln war.[1] Der erste Abt Sandradus wird urkundlich erwähnt im Jahre 963 als celerarius S. Maximini bei Trier.[2]

Vom Gründer mit Gütern genügend ausgestattet, wurde die Abtei in ihrem Besitze noch durch kaiserliche Munifizenz und päpstliche Privilegien befestigt. Wahrscheinlich ist von den sächsischen Kaisern dem Kloster auch Immunität, über die wir in den Quellen allerdings nichts finden, verliehen worden.[3]

Der jungen Gründung war jedoch in den ersten Zeiten ihres Bestehens keine ruhige, ungestörte Entwickelung vergönnt. Den tieferen Grund für die Stürme, die in der Folgezeit über das Kloster hereinbrachen, haben wir in seiner Lage zu suchen. In dem Kölner Erzbischof verehrten die Mönche ihren Wohltäter und den Stifter des Klosters, während sie dem Lütticher Bischof als ihrem Ordinarius in kirchlichen Dingen Gehorsam schuldeten,[4] da die Gladbacher Gegend zur Zeit der Gründung der Abtei noch zum Lütticher Sprengel gehörte.

Warin, der erste Nachfolger Geros, entsetzte den Abt Sandradus, unter dessen Leitung die Abtei schon in den Anfängen eine segensreiche Tätigkeit ausübte, seiner Würde, weil er es ungern sah, dass eine Gegend, die nicht zu seinem Sprengel gehörte, durch das Werk seines Vorgängers auf-

---

[1] Eckertz, Necrologium Gladbacense unter dem 29. Juni.
[2] Norrenberg 34.
[3] Vgl. über Immunität Brunner II 287 und Schröder II 194.
[4] Als Anstalt mit kirchlichen Zwecken war das Kloster dem Diözesanbischof zu Gehorsam verpflichtet und seiner Jurisdiktion in kirchlichen Dingen unterworfen. Vgl. Werminghoff bei Meister, Grundriss der Geschichtswissenschaft II³ 21.

blühte.[1] Gladbach erhielt einen neuen, seiner Stellung unwürdigen Abt, durch den der Abtei vieles verloren ging. Mehrere Mönche verliessen die Genossenschaft, Hab und Gut wurde verschleudert, Bücher und Reliquien veräussert. Sandrad hatte sich an den Hof der Kaiserin Adelheid begeben, deren Beichtvater er war.[2] Er wurde von ihr zum Abte von Weissenburg im Elsass erhoben. Als es ihm jedoch nicht möglich war, sich hier heimisch zu fühlen, wurde er auf Veranlassung der Kaiserin seiner alten Heimat wiedergegeben.

Kaum hatte sich die Abtei von diesem Schlage erholt, als sie von einem neuen, weit schwereren Unheil getroffen wurde, das sich zu einer vollständigen Katastrophe gestaltete, von der sie sich auf lange Zeit hin nicht erholen konnte.

Warins Nachfolger, Erzbischof Evergerus, erliess an den Abt Folradus, den Nachfolger Sandrads, und den Konvent von Gladbach den Befehl, das Kloster zu verlassen und nach St. Martin in Köln überzusiedeln.[3] Die Höfe mit den vielen Kirchen verschenkte Everger an seine Vasallen und Ministerialen.[4] Der schon blühende und bebaute Ort verwandelt sich wieder, so klagt der Gladbacher Anonymus in seiner Erzählung, in eine Einöde.

Der Bischof aber, der auch noch versuchte, die wertvollen Reliquien nach Köln zu übertragen, scheint sich jedoch nachmals wegen seines Handelns, nach der Erzählung des alten

---

[1] Norrenberg 39 führt die Massnahme des Bischofs auf politische Motive und Zwistigkeiten in der kaiserlichen Familie zurück.

[2] Eckertz 14.

[3] Nach Norrenberg 40 ist die Enteignung Gladbachs durch den Erzbischof von Köln in den Zeitverhältnissen begründet. Als kölnische Stiftung sei die Abtei dem Erzbischof heerdienstpflichtig und der Abt gezwungen gewesen, aus dem kaiserlichen Besitze soviele Güter auszuscheiden, als zur Ausrüstung und Gewinnung von Kriegsleuten nötig gewesen seien. Bei der Gemeinsamkeit des Besitzes sei auch das zum Lebensunterhalt der Brüder nötige Gut in Mitleidenschaft gezogen worden, so dass die Mönche bei dem Mangel am Nötigsten nach Köln hätten übersiedeln müssen.

[4] Bei Ropertz 1 ff. findet sich die Gründungsgeschichte. Praedia vero cum ecclesiis multis idem Evergerus suis distribuit militibus.

Mönches infolge eines bösen Traumes, Vorwürfe gemacht zu haben. Er schickte nämlich bald Abt und Brüder wieder in ihr Kloster zurück und versprach, den ganzen früheren Besitz des Klosters wieder herzustellen und Gladbach mit seiner Diözese zu vereinigen, um die Abtei aus ihrer Zwitterstellung zu befreien. Bevor er aber sein Versprechen einlösen konnte, starb er. Ein grosser Teil der Güter, die vorher dem Kloster gehört hatten, kamen nicht wieder in seinen Besitz. Dagegen war es dem Bischof noch gelungen, Gladbach und Rheydt in seinen Diözesanverband aufzunehmen, wofür er an Lüttich Tegeln, Lobberich und Venlo hatte abtreten müssen.

Damit hatten sich die Stürme gelegt. Ruhige Zeiten folgten. Wenn die Genossenschaft vorläufig noch infolge des grossen Verlustes an Gütern ärmlich ihr Dasein fristen musste, so wurde es ihr doch allmählich möglich bei stetem Fleisse und einer musterhaften Verwaltung, das Besitztum zu mehren. Die kommenden Jahrhunderte sahen, wenn auch nicht ununterbrochen, so doch im grossen und ganzen ein Wachsen und Blühen der abteilichen Grundherrschaft.

Im Anfange des 12. Jahrhunderts beschränkte sich der klösterliche Besitz schon nicht mehr ausschliesslich auf den Mülgau, sondern wir finden die Abtei auch begütert in der weit entfernt liegenden Gegend des Brohltales. Jedenfalls ist der dortige Güterbestand kein unbedeutender gewesen, denn in Gladbach sah man sich aus Verwaltungsrücksichten gezwungen, zu Bocholtz eine Nebenzelle oder Propstei zu gründen, die vielleicht nur nebenher Missionszwecken dienen sollte. Urkundlich wird sie zuerst im Jahre 1135 erwähnt. Wahrscheinlich hat sie auch kaum viel früher bestanden, denn wir können nicht annehmen, dass die Abtei schon im ersten Jahrhundert ihres Bestehens einer solchen Einrichtung bedurfte. Die Propstei Bocholtz blieb, soweit wir ihre Geschichte verfolgen können, stets mit dem Mutterkloster aufs engste verbunden. Abt und Konvent haben jedes Selbständigwerden der Zelle zu verhindern gewusst.

Um dieselbe Zeit erhalten wir die erste Kunde von dem

Benediktinerinnenkloster zu Neuwerk, wo vorher eine abteiliche Zelle mit Namen Kranendonk bestanden haben soll. Nach den Berichten des Klosterschriftstellers Kirchrath war das Frauenkloster mit der Abtei zu Gladbach verbunden gewesen bis zur Zeit des achten Abtes Meginhard, der es um 1090 nach Neuwerk verlegte.[1] Als Tochterkloster der Abtei Gladbach stand Neuwerk auch fernerhin unter der Oberaufsicht des Abtes, der im Jahre 1135 den Schwestern des novum oratorium oder novum opus »Neuwerk« einen Zehnten zu Mackenstein, Piperlo und Herde überliess.[2]

Die Macht des Abtes hat sich im abteilichen Territorium lange ungeschmälert erhalten können. Von seiten der städtischen Behörden sind dem Grundherrn wenig Schwierigkeiten gemacht worden. Bei der langsamen Entwickelung und späten Erhebung Gladbachs zur Stadt, die erst um die Mitte des 14. Jahrhunderts stattfand,[3] brauchte der Grundherr das noch nicht erstarkte städtische Gemeinwesen keineswegs zu fürchten. Bis auf Peter von Bocholtz, der im Jahre 1539 die letzte Huldigung entgegennahm, wurde dem Abte von Stadt und Land gehuldigt. Ohne Widerstreben leisteten die städtischen Beamten dem Abte als Grundherrn den Treueid.[4]

Eine nachhaltigere und schliesslich wirksame Gegnerschaft fand die Abtei dagegen bei ihren Vögten. Die Grafen und späteren Herzöge von Jülich, die nach Aussterben des Hauses Kessel und Grevenbroich die Vogteischaft über Gladbach in ihre Hand brachten, beschnitten die abteiliche

---

[1] Ropertz 100. Circa huius abbatis tempora translatae fuerunt moniales ex hoc monasterio ad cellam abbatialem in Cranendonk, modo Neuwerk.

[2] Mackenstein ist eine kleine Ortschaft im Gebiete von Dülken. Piperlo wird von Eckertz und Noever mit dem heutigen Papelterhof und Mühle bei Burgwaldniel identifiziert, was jedoch ein Irrtum sein muss. Einem Ortskundigen wird es schon wegen der Lage der genannten Orte nicht zweifelhaft sein, dass Piperloch bei Hardt gemeint ist. Herde ist gleich Hardt.

[3] Eckertz 88.

[4] Ebenda 64.

Macht immer mehr und erwarben über die klösterliche Grundherrschaft Landeshoheit.[1]

Trotz des Niederganges in politischer Hinsicht hat sich das wirtschaftliche Leben der Grundherrschaft das ganze Mittelalter hindurch und auch weiterhin im allgemeinen in gesunden Bahnen bewegt dank der lebenskräftigen Einrichtung der örtlichen und zentralen Verwaltung, wovon wir im folgenden, soweit es die Ueberlieferung ermöglicht, ein Bild zu entwerfen versuchen wollen.

---

[1] Vgl. Kap. 1 S. 34 ff.

Erstes Kapitel.

Das Grundeigentum der Abtei, seine Verfassung und Verwaltung.

§ 1. Klosterland und Hintersassen.

Die Untersuchung über die Wirtschafts- und Verwaltungsgeschichte der Abtei München Gladbach bietet dem Forscher keine dankbare Aufgabe. Vor allem für das Mittelalter stehen nicht gerade reiche Quellen zur Verfügung. Trotzdem wird man zu diesen Untersuchungen in erster Linie die Jahrhunderte des Mittelalters wählen müssen, weil sich in diesem Zeitraume die Verfassung und Verwaltung allmählich zu einem System entwickelte, das auch imstande war, Zeiten der politischen Wirren und des sozialen Niederganges zu überdauern und sich bis zur Aufhebung der Abtei zu erhalten. Schon gleich bei der Frage nach der Bildung des Klostergutes macht sich eine Lücke in der urkundlichen Ueberlieferung, die mit dem Jahre 1085 einsetzt, fühlbar. Ein grosser Teil des Grund und Bodens der abteilichen Grundherrschaft tritt uns in den allmählich reichlicher fliessenden Urkunden als ein schon früher vom Kloster erworbener Besitz entgegen. Glücklicherweise erfährt aber der klösterliche Grundbesitz auch in der späteren Zeit, über die wir besser unterrichtet sind, mannigfache Erweiterungen, so dass wir aus dem vorhandenen Material teilweise noch einen Einblick in die Entstehung und Fortbildung des Besitzes während des Mittelalters gewinnen können.

Einen ansehnlichen Bestand an Gütern, womit der Stifter sein Werk ausstattete, dürfen wir als Wiegengeschenk der jungen Gründung ansehen. Diese Dotation näher zu bestimmen und ihren Umfang zu umschreiben, wird uns besonders durch die Katastrophe, die bald nach der Gründung durch den Eingriff des Erzbischofs Evergerus über das Kloster hereinbrach und die abteilichen Höfe in den Besitz der Kölner Ministerialen brachte,[1] unmöglich gemacht. Nach den Worten des Verfassers der Gründungsgeschichte zu schliessen, wurde das Stift auf jeden Fall reich dotiert. Fehl wird man in der Annahme wohl nicht gehen, dass das spätere Territorium Gladbach[2] neben dem Salhof Rheydt[3] ganz zur Dotation gehörte. In der ersten Zeit werden die Mönche, nachdem sie wieder in ihr Kloster eingezogen waren, wohl ärmlich ihr Dasein gefristet haben, bis sich der Besitz allmählich wieder mehrte, und der Wohlstand des Klosters gehoben wurde.

Die Erwerbsformen sind verschiedenartig gewesen. Wir dürfen uns die Gegend, worin die Abtei gegründet und mit Gütern ausgestattet wurde, nicht als ein Land vorstellen, das schon zum grössten Teil zu Kulturzwecken umgewandelt war. Vielmehr müssen wir annehmen, dass noch weite Wald- und Sumpfflächen urbar zu machen waren, worauf die verschiedensten Ortsbezeichnungen von heute noch hinweisen.[4] Die Mönche werden, ob hoch oder niedrig geboren, nach der

---

[1] Vgl. Einleitung Seite 5—6.

[2] Das Territorium Gladbach umfasste die heutigen Bürgermeistereien Hardt, Neuwerk, M.Gladbach-Land und die Stadt M.Gladbach. Entgegengesetzte Grenzpunkte waren der Engelshof in Holt und der Abtshof in Neuwerk (1½ Std.), die Rheydter Landwehr und das Waldnieler Gebiet (2 Std.). Eckertz 19.

[3] Ropertz 15. Ut autem locum hunc et adiunctum locum Reidt, huic loco inhaerentem ... Vgl. auch Norrenberg 39. Das Schloss Rheydt war noch im 15. Jahrhundert ein abteiliches Lehen. Akten N. 22 fol. 668.

[4] Vgl. Norrenberg 4 u. 23.

Regel ihres Ordensstifters in den ältesten Zeiten selbst Hand ans Werk gelegt, werden Wälder gerodet und Sümpfe entwässert haben, um ein fruchtbares Ackerland zu gewinnen.

An umfangreichen Schenkungen, womit die mittelalterlichen Klöster oft so reich von Fürsten und Kaisern bedacht wurden, hat es Gladbach ganz gefehlt. Wenn Schenkungen grösseren Stiles vorkamen, so gingen sie in der Regel von den Aebten selbst aus, von Konventsmitgliedern oder auch von Leuten, die zu dem Kloster in naher Beziehung standen, wie den Kölner Erzbischöfen. Der Zweck dieser Schenkungen war stets der, sich das Seelenheil zu sichern, denn für die Wohltäter des Klosters wurde gewöhnlich ein Jahrgedächtnis gefeiert. Im übrigen war von einem grossen Schenkungseifer, der doch wohl meistens einer krankhaften Zeiterscheinung entsprungen ist, wenig zu spüren. Um 1300 oder kurz nachher erwarb die Abtei durch Schenkung des Priesters Nikolaus von Bekhusen einen Hof zu Rheydt.[1] Im Jahre 1319 schenkte derselbe mit seinem Bruder zusammen, der Mönch des Klosters war, den Hof Bekhusen zu Gladbach.[2] Der Abt Johann von Troisdorf vermachte seiner Abtei einen Hof in Venn, den er käuflich erworben hatte.[3] Sonstige Schenkungen grösseren Umfanges sind nachweisbar nicht vorgekommen.

Beträchtliche Erwerbungen wurden im Laufe der Zeit durch den Ankauf von Besitzungen, wie Gärten, Weinbergen, selbst grösseren Höfen und Ländereien, gemacht. Sobald das Kloster zu einem gewissen Wohlstande gelangt war, verfolgte es die zielbewusste Tendenz, sein Gebiet in der nächsten Umgebung zu vergrössern und soviel als möglich abzurunden, um die Schwierigkeiten der Verwaltung möglichst zu heben.[4] Diesem zwiefachen Bestreben ist der Ankauf des Fronhofes Raksleiden auf der Hardt im Jahre 1172 zu verdanken, der

---

[1] Ropertz 111.
[2] Ebenda 241 Urk. 38.
[3] Ebenda 120 und Kopiar 4¹ fol. 211.
[4] Aus diesen Motiven ist auch der Tauschvertrag zwischen der Abtei und dem Grafen Engelbert von der Mark zu erklären. Vgl. Seite 14.

auch später, als das Fronhof- oder Villikationssystem[1] seine Blütezeit erlebte, zu den bedeutendsten Besitzungen der Abtei gehörte.[2] Ferner kam durch Kauf der Ryer- oder Beekerhof[3] zu Gladbach und der Karmannshof[4] zu Waldhausen in den Besitz des Klosters.

Vermehrung und Vergrösserung des abteilichen Güterbestandes durch Ergebung von Freien in die Hörigkeit und durch Auftragung von Eigengut sind für Gladbach wohl kaum anzunehmen, denn in den Quellen findet sich eine solche Uebertragung von Gütern nicht. Die Fälle, wo Ergebung in die Hörigkeit doch nachweisbar vorgekommen ist, allerdings erst im 16. Jahrhundert, werden der Abtei weniger Nutzen gebracht haben, als die abhängige Stellung den neu aufgenommenen Leibeigenen an wirtschaftlichen Vorteilen einbrachte.[5] Es waren Leute ohne Besitz, die ihre Person an einigen Diensttagen dem Kloster zu Frondiensten zur Verfügung stellten und vielleicht auch einen geringen Kopfzins zahlten, dafür aber die Berechtigung am Weidgang, Waldnutzung usw. erlangten. Von dieser einzelnen Erscheinung lässt sich nicht auf derartige Vorgänge in grösserem Stile schliessen. Vor allen Dingen hüte man sich wohl anzunehmen, dass Uebertragungen von bedeutendem Eigengut und zugleich Ergebung in die Hörigkeit vorgekommen sind, denn von einem solch religiösen Eifer war die Zeit, in die die Blüte des Klosters fällt, doch schon frei.

Bis zur Wende des 14. Jahrhunderts, seitdem der Güterbestand keine nennenswerte Veränderung mehr bis zum Ausgang des Mittelalters erfuhr, hatte sich die Abtei durch mannigfachen Gütererwerb zu einer ansehnlichen Grund-

---

[1] Unter Villikation versteht man eine Vereinigung von abhängigen Bauernhöfen und deren Besitzern, über die von einem Haupthofe aus, den der Grundherr noch unmittelbar bewirtschaften liess, eine Herrschaft ausgeübt wurde. Es gehörten also Land und Leute zu einer solchen Villikation. Vgl. Wittich 274.

[2] Ropertz 194 Urk. 8.

[3] Ebenda 113. Kopiar IV² fol. 1.

[4] Ropertz 285 Urk. 67

[5] Düsseldorf St. A. Urk. Nr. 256.

herrschaft entwickelt. Der Abt konnte neben den zahlreichen und mächtigen Adelsgeschlechtern[1] des Niederrheins als gleichberechtigter Grundherr gelten. Im Territorium Gladbach erstreckte sich der Besitz über einen Flächenraum von ungefähr 70 qkm bei ziemlich dichter Besitzlage. In einzelnen Honschaften finden sich sogar 40 und noch mehr zinspflichtige Güter, in anderen auch nur, doch vereinzelt, 2 oder 3. Im Durchschnitt können wir auf jede Bauerschaft des Gebiets 10 bis 15 Zinsgüter rechnen.

Weiter über das Territorium Gladbach hinaus war die Abtei begütert im Gebiete von Dülken, Waldniel und Kempen, im Herzogtum Kleve und Geldern, ferner noch in der Gegend von Solingen.[2] Aller Wahrscheinlichkeit nach stellt dieses klösterliche Eigentum einen weiten Streubesitz dar.

In dem um die Abtei gelegenen und meist zusammenhängenden Güterkomplex lassen sich 12 Höfe und eine Menge von abgabepflichtigen Höfen, deren Zahl nicht genau zu ermitteln ist, doch 400 erreichen wird, nachweisen. In 32 Honschaften, wovon nur 4 nicht zum abteilichen Territorium gehören, sich aber unmittelbar daran anschliessen, gab es 334 Laten= oder Kurmudsgüter.[3] Die Bezeichnung Kurmudsgüter rührt von der sogenannten Kurmede her, einer Abgabe, die beim Tode eines Hörigen an den Grundherrn zu liefern war und in dem besten Stück Vieh bestand. Weil der Herr das beste Stück aus dem Nachlass des Verstorbenen verlangte, wurde die Abgabe auch Besthaupt genannt.

Wieviel sich an solchen Gütern in Kempen befanden, entzieht sich unserer Kenntnis. Für Geldern und Kleve haben wir nur eine unbestimmte Nachricht, die von mehreren Kurmeden und Zinsen berichtet: possedit hoc monasterium plu-

---

[1] Norrenberg 43 und 55.
[2] Ropertz 227 Urk. Nr. 31.
[3] Man gelangt mit Hilfe eines Kurmudsbuches (Akten Nr. 23 b), das im Jahre 1668 angelegt ist, zu dieser Zahl. Der Schreiber des Buches hat aus alten Kurmudsregistern, die verloren gegangen sind, geschöpft, und so reichen seine Angaben bis in das Mittelalter zurück.

rimas quoque curmedas, census et capitalia in ducatu Geldriensi et Cliviensi.[1]

Die Höfe konzentrierten sich in einem Umkreise von etwa 10 km um das Kloster. Fünf lagen im Kirchspiel Gladbach selbst: das Hofgut Gladbach, das wahrscheinlich den Grundstock der Geronischen Dotation ausmachte,[2] Beeker-, Raher-, Knaup- oder Knopshof, früher curtis Bekhusen, und der Widden- oder Widdumshof. Die anderen sind der Kühlenhof auf der Hardt oder, wie er früher genannt wurde, curtis ad fossam und Hofgut Raksleiden, der Dammer- oder Abtshof in Neuwerk, der Karmannshof an dem Wege von Gladbach nach Waldhausen, der Engelshof in Holt und der Hermgeshof am Venn. Hinzu kam noch um 1300 der Heidenhof zu Rheydt[3] und durch Tausch mit dem Grafen Engelbert von der Mark im Jahre 1312 eine Hofstätte zu Garzweiler.[4] Der Graf tauschte dagegen ein Gut in Lauveringhausen ein, auf der rechten Rheinseite in seiner Grafschaft gelegen.

Die Grösse der Höfe schwankte im allgemeinen zwischen 120 und 180 Morgen. Der Abt Peter von Bocholtz liess im 16. Jahrhundert einzelne Güter auf ihre Grösse hin abmessen. Dabei ergab sich, dass der Engelshof zu Holt etwas über 120 Morgen Ackerland umfasste,[5] während der Kühlenhof auf der Hardt 186 Morgen gross war.[6] Da nun im Laufe der Jahrhunderte einzelne Morgen vom Hofland getrennt und an Freie oder Hörige gegen Zins vergeben worden waren, so wird vielleicht das Salland 100 oder 200 Jahre früher noch einen grösseren Umfang gehabt haben.[7] Die Pachtsummen der einzelnen Höfe zeigen keine erheblichen Unter-

---

[1] Ropertz 31.
[2] Norrenberg 36.
[3] Der Herr von Rheydt, in dessen Gerichtsbezirk der Heidenhof lag, befreite diesen auf Bitten der Abtes von verschiedenen Abgaben. Ropertz 111.
[4] Ebenda 111.
[5] Kopiar 4¹ fol. 149
[6] Ebenda fol. 261.
[7] Düsseldorf St. A. Urk. Nr. 111.

schiede untereinander, so dass man auf eine gleiche Grösse bei den meisten anderen Höfen schliessen kann.[1]

Die zinspflichtigen Güter der hörigen Bauern waren erheblich kleiner. Wohl weisen sie zum Teil 30 und 50 Morgen Land auf.[2] Im allgemeinen hatten sie jedoch einen geringeren Umfang. So kommen sogar Gütchen von 2 Morgen vor, die aber zu klein waren, um eine Familie ernähren zu können und deshalb wohl zu irgend einem anderen Wirtschaftsbetrieb gehörten.[3] Die grosse Mehrzahl aber bildeten natürlich die vollen Betriebe, die umfangreich genug waren, um ihren Bebauer mit den Seinen zu erhalten.

Die Bezeichnung Hufe findet sich für diese Güter, wie es bei anderen Grundherrschaften Regel war, fast gar nicht. Durchweg wird in Gladbach nach Morgen gerechnet. Offenbar hängt das damit zusammen, dass doch kaum ein Bauerngut die Grösse einer Hufe (mansus), die in Gladbach 60 Morgen umfasste,[4] erreichte.

Ausser diesem Güterbestande besass das Kloster noch einen Fronhof in Riehl bei Köln und einen solchen in Bocholtz, wo eine Zelle oder Propstei als Filiale gegründet worden war. Wann und wie die beiden Besitzungen von der Abtei erworben worden waren, können wir nicht feststellen, weil uns darüber jede Quellennachricht fehlt. Der Hof zu Riehl wird zuerst im Jahre 1244 erwähnt.[5] Wir haben es hier unzweifelhaft mit einer grösseren Gutswirtschaft zu tun, zu der die Bauern des Ortes zum grossen Teil in einem Abhängigkeitsverhältnis lebten. Dem Abte, als Besitzer des Hofes, stand das Recht zu, in Riehl den Schultheiss und

---

[1] Kopiar 4 Band 1—6 enthält die Urkunden und Briefe über Verpachtungen von Höfen, Mühlen und Zehnten.

[2] Akten Nr. 22 b fol. 1551.

[3] Aehnliche Verhältnisse finden wir geschildert bei Koetzschke, Studien 59.

[4] Ropertz 222 Urk. Nr. 29. . . . mansum terre arabilis cum dimidio, scilicet nonaginta iurnales.

[5] Eckertz 284 Urk. Nr. 2. Der Abt Hermann gestattet einigen frommen Schwestern, weiter auf dem Hofe zu leben.

drei Schöffen zu ernennen.[1] In einer Urkunde des Jahres 1405 wird von der Herrlichkeit Riehl, Schultheissamt und Meierei gesprochen.[2] Bei diesem Hofe findet sich die Grösse nach Hufen berechnet, und zwar gehören zwei als Salland dazu.[3] Es ist sehr wahrscheinlich, dass der Riehlerhof ein Geschenk des Gründers der Abtei, des Erzbischofs Gero, oder auch eines seiner Nachfolger gewesen ist. In Köln selbst besass der Abt einen Hof, wo er abstieg, und auf dem die jungen Ordensmitglieder während ihrer Studienzeit wohnten.[4]

Von den Gütern zu Niederweiler, Haus Bocholtz genannt, erhalten wir ein Jahrhundert früher Nachricht durch eine Urkunde vom Jahre 1135, worin der Abt Walter den dort wohnenden Brüdern die Einkünfte aus Weiler, mit einigen Ausnahmen zu Gunsten des Mutterklosters, zuweist.[5] Wir können mit Fahne annehmen, dass der Hof Bocholtz sehr gross gewesen ist und die gewöhnliche Grösse der Höfe weit überragte.[6] Wie es sich unserer Kenntnis entzieht, wann und von wem die klösterliche Niederlassung zu Bocholtz gegründet wurde, so sind wir auch nicht imstande zu ermitteln, wann der Abt von Gladbach in dieser weit entfernt liegenden Gegend Grundrechte erworben hat. Das Haus Bocholtz war Privatgut des Abtes, wurde aber im Jahre 1261 durch den Abt Theoderich dem Konvente überwiesen und somit gemeinsames Klostergut.[7] Der Grund zu der Uebertragung des Gutes an den Konvent war der Mangel an Wein, an dem die Brüder schon längere Zeit gelitten hatten.[8] Unter dem

---

[1] Eckertz 151.

[2] Annalen d. hist. V. f. d. Niedrh. I 303 Urk. 2. ... Vroinhoff zu Ryle beneden der Stadt van Cölen gelegen mit der Herrlichkeide zu Ryle und Scholtheiss Amt und Meyereyn.

[3] Ebenda. »Darzu unse zwä Hoyven Artlands Acker.«

[4] Norrenberg 93.

[5] Ropertz 187 Urk. 3.

[6] Fahne, Die Dynasten von Bocholtz I 335.

[7] Ropertz 215 Urk. 23.

[8] Ebenda. Cum nos sentiremus post venditionem bonorum super Mosellam temporibus nostri predecessoris venditorum, dilectos confratres nostros quodammodo in potu vinorum habere defectum.

Vorgänger des Abtes Theoderich waren Weingüter, die das Kloster seit 1116 in Zeltingen besessen hatte, veräussert worden.[1] Zu dem Hause Bocholtz gehörten mehrere Weinberge, die seitdem fortan den nötigen Wein lieferten. Man führte ihn von Bocholtz über Köln nach Neuss, wo er von Gladbacher Abteileuten abgeholt wurde.[2] An den Besitz von Bocholtz war für den Abt die Erbgewaltherrschaft und Grundherrlichkeit in Niederweiler und Ramersbach geknüpft. Er war dort Grund-, Gerichts-, Zins-, Kurmuds- und Zehntherr und konnte den Schultheiss ernennen und absetzen.[3]

Neben diesen Höfen und hörigen Zinsgütern besass das Stift, abgesehen von den Lehnshöfen, noch eine Menge von Gärten, Ländereien und Grundstücken. Sie waren entweder von grösseren Höfen abgetrennt oder auch durch Kauf gewonnen worden. So erwarb die Abtei im Jahre 1431 im Dorfe Birsmik ein Erbe von 78½ Morgen 18 Ruten.[4] Ueber die ganze Besitzfläche des Klosters waren solche Ländereien, gewöhnlich parzelliert in Stücke von 3—10 Morgen, verstreut.[5] Von Leuten verschiedenen Standes, von Bürgern der Stadt und von Bauern, wurden sie meist in Erbpacht genommen.[6] Gewöhnlich wurden sie mit einem Bauerngut, das dem Pächter eigentümlich war, zur Bewirtschaftung vereinigt.[7] Ausgetan waren diese Ländereien zu freiem Zins, der entweder in Naturalien[8] oder Geld[9] bestand oder auch in beiden Arten zugleich entrichtet wurde.[10]

---

[1] Ropertz 215 Urk. 23. Cum nos sentiremus post venditionem bonorum super Mosellam temporibus nostri predecessoris venditorum, dilectos confratres nostros quodammodo in potu vinorum habere defectum.

[2] Düsseldorf St. A. Urk. Nr. 174. Vgl. Seite 49.

[3] Annalen d. hist. V. f. d. Niederh. I 106.

[4] Düsseldorf St. A. Urk. Nr. 173.

[5] Es kommen nachweisbar solche vor in Gladbach selbst, in Kempen und Oedt, bei Erkelenz u. s. f.

[6] Düsseldorf St. A. Urk. Nr. 106, 110, 133, 139, 153, 203.

[7] Ebenda Urk. Nr. 139.

[8] Düsseldorf St. A. Urk. Nr. 118, 133, 139, 153, 203.

[9] Ebenda Urk. Nr. 55, 194.

[10] Ebenda Urk. Nr. 106, 111.

Von besonderer Wichtigkeit waren an Güterbesitz die Mühlen, weil sie mit besonderen herrschaftlichen Rechten, dem Mühlzwang, ausgestattet waren. Im Jahre 1183 erwarb der Abt Walter die Vulffgens- oder Vitgens-Mühle, molendinum inferius oder Vuersleht genannt, wie ausdrücklich hervorgehoben wird, aus seinen eigenen Ersparnissen, ohne dafür das Vermögen des Klosters in Anspruch zu nehmen.[1] Er schenkte sie den Brüdern.[1] Sein Nachfolger, Abt Hermann, vermachte im Jahre 1210 seinem Kloster drei Mühlen, die er ebenfalls aus eigenen Mitteln in seinen Besitz gebracht hatte.[2] Ferner erwarb die Abtei unter dem Abte Wilhelm von Oranien um das Jahr 1340 die Dammer- oder Broichmühle bei Neuwerk,[3] im Jahre 1383 unter Giselbert von Weltz mit dem Raherhof die gleichbenannte Mühle, die vom Bruder des Abtes geschenkt wurde.[4] Als man später nach Auflösung des Fronhofsystems Höfe und Mühlen verpachtete, wurden mit letzteren grössere Landkomplexe verbunden.[5] Genannte Mühlen lagen alle im Territorium Gladbach. Die abteilichen Untertanen mussten ihr Getreide auf Verlangen des Abtes auf den Mühlen des Klosters mahlen lassen. Im Jahre 1325 wurde dieses Recht der Abtei durch einen Erlass des Grafen Wilhelm von Jülich ausdrücklich bestätigt, und die Untertanen wurden unter Strafe zum Mühlzwang verpflichtet.[6]

---

[1] Ropertz 195 Urk. 9 . . . meis propriis sumptibus sine diminutione rei ecclesiastice comparatum.

[2] Ebenda Urk. 13.

[3] Kopiar IV⁴ fol. 153 und Ropertz 114.

[4] Ropertz 284 Urk. 63.

[5] Ausser diesen erwähnten Wassermühlen besass das Kloster später noch eine Windmühle an dem Wege von Gladbach nach Dülken, die der Abt Peter von Bocholtz mit Erlaubnis des Herzogs von Jülich im Jahre 1552 hatte erbauen lassen (Ropertz 127). Im Jahre 1890 ist diese Mühle, damals im Besitze der Familie Ebels zu Windberg, abgebrannt.

[6] Ropertz 248 Urk. 43. . . . ut omnes et singuli nostri homines in Gladebach et in territorio ibidem residentes suam annonam seu fructus

Das wird so ungefähr, soviel sich aus den Quellen ersehen lässt, der Besitz des Klosters gewesen sein, aus dem es seine Einkünfte an Geld und Naturalien bezog. Von den Lehensgütern, die in grosser Zahl vorhanden waren und einen stattlichen Besitz darstellten, hatte das Kloster nur geringe Vorteile. Da die Nachrichten über diese Güter erst im 15. Jahrhundert reichlicher zu fliessen beginnen, und da es deshalb nicht möglich ist, die Entwickelung des Lehenswesens in Gladbach während des Mittelalters zu verfolgen, soll erst am Schlusse des Kapitels über die Lehensgüter berichtet werden.

Die gutsherrlichen Untertanen der Abtei Gladbach, die das klösterliche Land bewirtschafteten, zerfielen nach ihrem Stande in die Klasse der Freien und Hörigen oder Laten. Der Ausdruck Laten [1] begegnet uns allerdings erst am Ausgang des Mittelalters und auch da nur vereinzelt für die der Abtei hörigen Bewohner der Ortschaft Hehler. [2] Auch die Bezeichnung für Freie, liberi, findet sich in den Gladbacher Akten nirgends. Das Quellenmaterial lässt uns für die Entwickelung der Stände in den abteilichen Gebieten fast ganz im Stich. Nur das fertige Ergebnis der Entwickelung einiger Jahrhunderte tritt uns entgegen. Die scharfe Unterscheidung zwischen frei und unfrei war damals schon längst überwunden, der Standesunterschied im Laufe der Zeit verblasst. [3]

Die landlosen Freien oder solche, deren eigener Besitz einen für ihre Lebensbedürfnisse zu geringen Ertrag abwarf, sahen sich gezwungen, von einem mächtigen Grundherrn, sei es weltlichen oder geistlichen Standes, Land gegen Zins-

---

ducant ad molendum supra molas seu molendina in ipso nostro territorio sitas seu sita et non extra . . .

Wer seiner Verpflichtung nicht nachkam, wurde mit 6 Solidi brab. Den. bestraft, die halb dem Abte und halb dem Grafen von Jülich zufielen.

[1] Akten Nr. 23 b fol. 1527 ff.

[2] Hehler eine Bauerschaft im Kirspel-Waldniel. Im Mittelalter Herl geheissen.

[3] Ueber Ständewesen vgl. Brunner I 133 ff. Waitz I 149 ff., II 217 ff., IV 176 ff., V 185 ff.

pflicht, d. h. zu freiem Zins zu übernehmen, trotzdem sie dabei ihre unabhängige Stellung für die Zeit verloren, wo sie dem Wirtschaftsverbande, der auch Hörige umfasste, angehörten. Ihr Verhältnis konnten sie zwar zu jeder Zeit lösen, aber aus wirtschaftlichen Rücksichten blieben sie an den Grundherrn gebunden. Die Lebensverhältnisse der Hörigen und Freien sind in einem solchen Wirtschaftsverbande kaum verschieden gewesen.[1] Die Lebensart hat dann allmählich die Standesunterschiede verwischt.[1] So lässt es sich auch erklären, dass man in den Gladbacher Akten vergeblich nach einer besonderen Bezeichnung der Freien sucht.

Der grösste Teil des Grund und Bodens war an Hörige oder Laten ausgetan. Sie waren mit der Zeit in eine bessere soziale Lage aufgerückt. Das Recht des Herrn, beim Tode eines Hörigen auf den ganzen Nachlass, später auf zwei Drittel oder die Hälfte Anspruch zu machen, hatte sich in das Besthauptrecht oder Kurmede umgewandelt.[2] In den Gladbacher Urkunden taucht der Ausdruck Kurmede zuerst am Ausgang des 13. Jahrhunderts auf.[3]

Soviel sich aus den Quellen dieser Zeit erkennen lässt, hatte sich der Eigentumsbegriff noch nicht verschoben. Der Late musste im Falle einer Veräusserung das Gut vorher in die Hände des Abtes zurückstellen. Er durfte es selbst also nicht veräussern.[4]

Aus solchen Verkäufen suchte der Grundherr seinen Nutzen zu ziehen. Regelmässig wurde nämlich bei dieser Gelegenheit ein Handänderungsgeld gefordert.[5] Die Höhe dieser Abgabe war verschieden. Entweder musste der neue Inhaber den vollen Zins zahlen,[6] gleichviel ob er am Anfang oder

---

[1] Waitz II 207.
[2] Ebenda V 247.
[3] Ropertz 221 Urk. 27.
[4] Düsseldorf St. A. Urk. Nr. 49, 58.
[5] In einer Urkunde aus dem Jahre 1323 (Ropertz 246 Urk. 42) findet sich die Bezeichnung »Hantghelt«. ... que vulgariter dicuntur Hantghelt.
[6] Düsseldorf St. A. Urk. Nr. 49, 58.

ungefähr am Schluss des Jahres das Gut übernahm, oder auch von beiden, dem früheren und jetzigen Besitzer, wurde im Verkaufsjahr der ganze Zins erhoben.[1] Man sieht, dass dieses Handänderungsgeld, das zum Teil den doppelten Zins eines Jahres ausmachte, durchaus nicht niedrig bemessen war, und so hat der Abt nicht ungern eine solche Veränderung vorgenommen. Das Bestreben, den Zins zu erhöhen, was in solchen Fällen wohl leicht möglich gewesen wäre, lässt sich aus den Quellen übrigens nicht erkennen.

Ein klares und vollständiges Bild von der sozialen und rechtlichen Lage der Laten erhält man erst am Ausgange des Mittelalters, da um diese Zeit die Nachrichten über die kurmudpflichtigen Güter in Fülle einsetzen. Das Eigentumsrecht des Herrn war allmählich auf das Zinsrecht beschränkt worden. Der Inhaber eines zinspflichtigen Gutes, mochte er frei oder hörig sein, hatte ein weitgehendes Recht an der Hufe erlangt, die er bebaute. Man konnte die Höfe teilen[2] und verkaufen, ohne auch nur vorher die Erlaubnis des Abtes eingeholt zu haben. Nachher musste man jedoch den Verkauf des Gutes anzeigen, damit der neue Inhaber »zu Buch gesetzt« würde.[3] Teilungen der Güter kamen allzu oft vor, denn einzelne Hofstellen wurden hierdurch so klein, dass sie ihren Inhaber kaum mehr ernähren konnten.[4] So erklären sich auch die vielen Klagen über Armut der Laten, worauf der Abt bei Sterbfall eines Hörigen und bei der Uebertragung des Gutes auf die Hinterlassenen zu seinem eigenen Nachteile Rücksicht zu nehmen hatte.[5] Man nannte die einzelnen Teile »Spliess«, denn die Hufen wurden, um den mittelalterlichen Ausdruck zu gebrauchen, »gesplissen«.

Das Besthauptrecht hatte sich dagegen in seiner ganzen Schärfe erhalten. Noch 1516 wurde diese Abgabe vor Vogt

---

[1] Ropertz 246 Urk. 42. . . . tam de manu resignantis quam de manu similiter eandem domum recipientis integer census persolvatur.
[2] Akten N. 23b fol. 447.
[3] Ebenda fol. 773.
[4] Ebenda fol. 447 u. a.
[5] Ebenda fol. 541 u. a.

und Schöffen genau geregelt und bestimmt, dass die Latenfamilie, da es stets seit alter Zeit Herkommen gewesen sei, beim Tode des Mannes das beste Stück Vieh, Pferd oder Kuh, beim Tode der Frau das zweitbeste als Kurmede zu entrichten habe.[1] Im Falle, dass der Mann mehrmals heiratete, so hatte er jedesmal beim Tode seiner Frau, d. h. wenn die Verstorbene oder die Verstorbenen keine Kinder hinterliessen, die Kurmede zu leisten. Waren jedoch Kinder vorhanden, so fiel die Abgabe weg, weil der Vater dann als Leibzüchter nichts zu zahlen brauchte. Starb der jeweilige Inhaber einer Hufe, so musste der Sohn oder Nachfolger sich das Gut vom Abte binnen 6 Wochen und 3 Tagen auftragen lassen, er musste das Gut tätigen. Falls er diese Frist verstreichen liess, war der Hof heimgefallen, d. h. der Abt konnte ihn rücksichtslos an sich ziehen.[2] Solche Fälle kamen, vielleicht um der Abgabe zu entgehen, öfters vor. Der Abt zog das Gut ein, gab es aber gewöhnlich auf Bitten der Familie zurück, jedoch gegen eine weit höhere Abgabe, als bei der Tätigung Regel war.[3]

Die Hufen waren auch in der weiblichen Linie erblich.[4] Beim Tode des Mannes trat die Frau an seine Stelle, wenn die Nachkommen wegen Minderjährigkeit noch nicht fähig zur Uebernahme des Gutes waren, oder wenn der Verstorbene keine Kinder hinterlassen hatte. Starb eine unverheiratete Schwester, so hatte der Bruder, falls noch nicht geteilt war, ebenfalls die Kurmede zu zahlen.[5] Daraus ersehen wir, dass die Kinder sich in das Erbe des Vaters teilen durften.

Die Kurmede in ihrer eigentlichen Gestalt kam selten in den Besitz des Grundherrn. Statt des Pferdes oder der Kuh wurde eine bestimmte Summe Geldes verlangt, die dem

---

[1] Düsseldorf St. A. Urk. Nr. 235.
[2] Akten N. 23 b fol. 1087.
[3] Ebenda fol. 425 musste der Inhaber eines Gutes, das nicht zeitig getätigt worden war, 65 Taler zahlen, um es weiter besitzen zu dürfen.
[4] Ebenda fol. 557.
[5] Ebenda fol. 525, 797.

Werte des Tieres entsprach.[1] Auch kam es vor, dass der Abt das Pferd durch seinen Boten oder Schultheiss[2] tatsächlich holen und auf die Abtei bringen liess, jedoch dem früheren Besitzer, wenn ihm daran gelegen war, wieder verkaufte.[3] In der Regel wurde die Kurmede in Geld entrichtet, und zwar zahlten die Hüfner durchschnittlich 10—25 Taler. Von kleinen Gütchen bezog der Abt auch Naturalien, meistens einige Stein Flachs,[4] oder es wurden anstatt der Abgaben auch Frondienste, zumal Fronfuhren, geleistet.[5] Von sämtlichen Laten wurde unterschiedslos seit den ältesten Zeiten als Zeichen ihrer Hörigkeit ein Huhn oder auch zwei, je nach der Grösse des Gutes, verlangt. Nach dem Zahltermin, der zu Fastnacht war, wurden sie »Vastelabendshühner« genannt. Auch wurde bei Heiraten regelmässig von den hörigen Bauern eine Abgabe erhoben.[6]

Die Kurmuds- oder Latengüter waren um die Wende des 15. Jahrhunderts in den abteilichen Ortschaften sehr zahlreich zu finden. In der Honschaft Hardt z. B. gab es 43 kurmedige Güter,[7] in Vorst[8] 15 und Winkeln[9] 4. Die zwei letzten Bauerschaften wurden später mit Hardt vereinigt.[10] Fassen wir diese drei Ortschaften zusammen und sehen sie als ein zusammengehöriges Dorf an, so haben wir in Hardt 62 Latenfamilien. Wird jede Familie durchschnittlich mit den dienenden Knechten auf 6 Personen geschätzt, so erhält man für Hardt

---

[1] Vereinzelt wurde auch statt des zweitbesten Stückes Vieh beim Tode der Frau das beste Kleid als Kurmede verlangt. Ropertz 31.

[2] Vgl. Kapitel II S. 68 ff.

[3] Akten N. 23 b fol. 527.

[4] Lübben, Mittelhochdeutsches Wörterbuch stēn oder stein ein Gewicht für Wolle und Flachs, gewöhnlich 20 Pfd.

[5] Akten N. 23 b fol. 557 musste der Late einen Tag »Schantzen« fahren.

[6] Ropertz 125 waren 6 Pfennig von den Heiratslustigen an den Abt zu zahlen.

[7] Akten N. 23 b fol. 1323 ff.

[8] Ebenda fol. 1115 ff.

[9] Ebenda fol. 1168 ff.

[10] Einzelne Namen der Laten des Mittelalters haben sich in Hardt bis auf den heutigen Tag erhalten. Wenn ihre Höfe dem Namen nach

die Bevölkerungsziffer 372. Zu damaliger Zeit wird das Dorf kaum dichter bewohnt gewesen sein. Um die Mitte des 19. Jahrhunderts hatte es 1870 Einwohner aufzuweisen. Da nun der Aufschwung der Gladbacher Gegend, in Gladbach selbst und auch in den umliegenden Dörfern, seit Aufhebung der Abtei begann, so wird auch in Hardt die Bevölkerung erst im 19. Jahrhundert erheblich gestiegen sein. Die Annahme also, dass im Mittelalter in Hardt zum weitaus grössten Teil unfreie Bauern sassen, wird deshalb wohl berechtigt sein. Aehnliche Verhältnisse haben wir bei den meisten Honschaften des Gladbacher Territoriums anzunehmen.

Ueber die Eigenbehörigen, servi genannt, die mit ihrer Person und allem, was sie erwarben, dem Grundherrn angehörten und die meistens auf einem Fronhof als Dienstboten dienten, erfahren wir aus den Akten der Abtei fast nichts. Eine Angabe darüber findet sich in einer Urkunde des Jahres 1135, worin der Erzbischof von Köln die Schenkungen des Abtes Walter zu Gunsten der Zelle Bocholtz und des Klosters Neuwerk bestätigt.[1] Darin ist die Rede von servuli villicorum, denen vorgeworfen wurde, dass sie zur Zeit der Ernte durch unmässige Sauferei den Zehnten von Mackenstein, Piperlo und Raksleiden verprassten, so dass die Abtei keinen Nutzen davon hatte.[1] Unter den servuli villicorum ist offenbar das unfreie Gesinde des Villikus auf dem Fronhof Raksleiden oder Kühlenhof zu verstehen, wo der Zehnte von Mackenstein und Piperlo entrichtet wurde, denn Villikationen in Mackenstein und Piperlo können wir nicht annehmen, weil sich keine Spur in den

auch nicht mehr bestehen, so gibt es heute noch im dortigen Felde einzelne Wege, die nach den Laten benannt sind, wie z. B. Flügelsweg von Flügelsgut, Jakobsweg von Jakobsgut — auch gibt es heute noch mehrere Familien mit dem Namen Jakobs in Hardt, deren Mitglieder zweifellos die Nachkommen jener unfreien, der Abtei zinspflichtigen Bauern sind —, ferner Pescherweg nach dem gleichnamigen Gute zubenannt und andere mehr. Auch sonst tragen noch viele in Hardt Namen einstiger Laten, wie Pescher, Klompen, Boffen, Goetges, Boeker, Grams, Dilsen u. a.

[1] Ropertz 187 Urk. N. 3. ... decimam autem Piperlo et Mackenstein villicorum servuli messis tempore ita consumebant commessatione et ebrietate ut nichil ex ea utilitatis fratribus provenerit vel ecclesie.

Quellen darüber findet. Der Fronhof Raksleiden lag auch in unmittelbarer Nähe von Piperlo und Mackenstein. Weiter berichtet uns noch von dem Vorhandensein dieser Unfreien der älteste Pachtbrief über Kühlenhof aus dem Jahre 1481, worin der Abt den Pächter verpflichtet, seinem Gesinde, das auf dem Hofe diente, ein jährliches Trinkgeld zu geben.[1]

Ueber die soziale und rechtliche Stellung der Eigenbehörigen und über ihr Verhältnis zum Abte ist nichts zu ermitteln. Sie werden aber auf jeden Fall im Laufe der Zeit eine bessere Lage erlangt haben und vielleicht, nachdem sie mit Salland ausgestattet waren, in sozialer und rechtlicher Beziehung den Laten gleich gekommen sein. Möglich ist es auch, dass sie, wenigstens ein Teil von ihnen, der in direkten Diensten des Abtes stand, in die Stellung der Ministerialen aufgerückt sind.

Dass die Gladbacher Ministerialen mit ihrer Person und ihrer ganzen Habe Leibeigene des Klosters gewesen, geht aus einem Briefe des Abtes Wibald von Stablo hervor, den er 1151 auf die Klagen des Gladbacher Konventes hin über die Emanzipation der Ministerialen an diesen richtet. Wibald schreibt unter anderem, dass die Ministerialen verpflichtet seien, dem Konvente zu dienen und zu gehorchen, denn alles was sie hätten, sei Eigentum der Mönche, ihre Person und Habe gehöre nach dem weltlichen und kanonischen Recht dem Kloster.[2]

Wir haben es in Gladbach also fast ausschliesslich mit Laten zu tun, an die der grösste Teil des Bodens vergeben war, und nur zum geringen Teil mit freien Zinsbauern, die gewöhnlich durch Erbpachtverträge zu Hintersassen des Klosters geworden waren. Von diesen beiden Klassen der gutsherrlichen Untertanen bezog der Grundherr seine Einkünfte an Geld und Naturalien. Auf ihnen beruhte der Schwerpunkt des wirtschaftlichen Lebens im Gebiete der Abtei.

---

[1] Kopiar 4¹ fol. 261 ff.
[2] Martène et Durand, collectio veterum script. hist. II 486. . . . cum totum quod sunt vel esse possunt, vestrum sit, et tam in eorum personas, quam substantias tam legibus quam canonibus vobis et monasterio vestro attributa sit.

An Abgaben, die meist von allen Untertanen zu entrichten waren, lassen sich drei Arten unterscheiden. Es sind die Grundzinse, Zehnten und Vogteigelder.

Aus den Grundzinsen hat das Kloster zu allen Zeiten den alleinigen Nutzen gezogen. Sie wurden weder verliehen noch verpachtet, sondern flossen ausschliesslich in die Tasche des Grundherrn. Schon früh wurde der Zins, der im 10. Jahrhundert durchweg noch in Naturalien abgetragen wurde, teilweise in Geld entrichtet. Da die Abtei mit den nötigen Naturalien reichlich genug durch die Fronhöfe versorgt wurde, zahlten die zinspflichtigen Bauern teilweise in Geld, weil bares Geld in diesem grossen Wirtschaftsorganismus unentbehrlich war. Schon um die Wende des 11. Jahrhunderts leisteten die in einer Urkunde angeführten Zinsleute sämtlich ihre Abgaben in Geld,[1] mit Beginn des 14. Jahrhunderts bestanden die Lieferungen der Laten an die Grundherrschaft, soviel sich nachweisen lässt, nur noch in Geld.[2] Für die Hörigen brachte die Verwandlung der Naturallieferung in eine Geldabgabe eine Erleichterung, denn mit dem Geldzins wurde offenbar, wenn es nicht schon vorher geschehen war, die Abgabe fixiert. Da bei intensiver Bewirtschaftung die Erträgnisse sich steigerten, so war es den Zinsleuten wohl leicht möglich, den Grundzins, der verhältnismässig niedrig bemessen war, aufzubringen. Vielfach wurde dabei der Grundherr auch geschädigt, indem die Bauern in schlechter und ungangbarer Münze bezahlten. Solche Fälle sind zu wiederholten Malen vorgekommen. Besonders unter dem Abte Wilhelm von Oranien, der um die Mitte des 14. Jahrhunderts regierte, wurden Klagen laut über geringwertige und falsche Münzen, worin die Zinse eingingen.[3] Die freien Zinsbauern dagegen haben nicht ausschliesslich in Geld, sondern auch in Naturalien ihre Abgaben geleistet.[4]

---

[1] Ropertz 180 Urk. 2.
[2] Düsseldorf St. A. Urk. Nr. 49, 58, 82, 141.
[3] Ropertz 270 Urk. 55. ... reditus, pensiones ac census sibi ac monasterio suo olim in gravi moneta et pecunia solvi consuetos, in moneta quasi inutili, que pro nunc in hisce partibus est et aliquibus annis fuit in usu recipere.
[4] Vgl. Seite 18.

Die Höhe des Zinses war sehr verschieden. Eine für alle Hufen gültige Normalhöhe aufstellen zu wollen, ist unmöglich. Es kommen nämlich so starke Unterschiede in den Abgaben gleich grosser Ländereien vor, dass eine feste Taxe nicht Brauch gewesen zu sein scheint. Der Grundherr hatte das Recht, den Zins beliebig festzusetzen. Jedenfalls wird aber im allgemeinen die Ertragfähigkeit und die Lage der Aecker bei der Festsetzung des Zinses in Betracht gekommen sein. Mit Hilfe des Zinsregisters für das Territorium, Gladbach, das uns in Kopie erhalten ist, lässt sich diese Frage nach der durchschnittlichen Höhe des Zinses nicht beantworten, da die Angaben des Registers[1] zu dürftig sind und vor allem über den Umfang der zinspflichtigen Güter nichts enthalten.

Ob die Verschiedenheit in den Abgaben der zinspflichtigen Bauern, die in entfernt liegenden Gebieten, wie in Kleve und Geldern, Klosterland bewirtschafteten, ebenfalls geherrscht hat, ist ungewiss. Eine Angabe über die Leistungen der dortigen Zinsleute, die aus Registern der Jahre 1493 und 1503 herstammt, lässt das Gegenteil vermuten. Es heisst nämlich in dieser Aufzeichnung von den Zinspflichtigen: »Alle Jahr mussen Sie vor Ihr hoffrecht geben ein alt mueriken off die werde«.[2] Dadurch könnte man versucht werden, anzunehmen, dass alle Zinsbauern im Gebiete von Geldern und Kleve eine gleichmässig hohe Abgabe zu leisten hatten. Eine Lösung der Frage lässt sich jedoch auch hier nicht herbeiführen.

Zu den Grundzinsen trat der Zehent, eine drückende und in der zweiten Hälfte des Mittelalters höchst ungerechte Abgabe. Er hatte den früheren kirchlichen Charakter verloren. Statt ausschliesslich, wie früher, kirchlichen Zwecken zu dienen, wurde er an die verschiedensten Leute verkauft oder verliehen. Allgemein wurde die Zehentlast schon früh von den zehentpflichtigen Bauern gehasst,[3] zumal sich die

---

[1] Akten Nr. 12 q.
[2] Ropertz 31.
[3] v. Inama-Sternegg II 40 ff.

Abgabe meist noch dem Ertrage des Gutes anpasste und mit grosser Strenge eingezogen wurde.

Aus einer Urkunde des Jahres 1135 geht hervor, dass der Zehent von Hardt in den Besitz eines Laien mit Namen Rutgerus gelangt war.[1] Den Zehnten des Hofes Raksleiden hatte sich infolge fahrlässiger Verwaltung des Villikus ein Vogt Adelhard angeeignet.[2] Der Zehent von Anrath war um die Mitte des 14. Jahrhunderts teils verpachtet, teils als Lehen vertan.[3] Andere Zehnten waren verkauft worden. Das Kloster Gladbach ist stets bestrebt gewesen, die veräusserten Zehnten zurückzuerwerben. Ganz beträchtliche Summen wurden manchmal dafür geopfert und sogar ganze Besitzungen verkauft, um das Geld zum Wiederkauf aufzubringen.[4] Es lässt sich hieraus deutlich erkennen, dass der Grundherr in den Zehnten eine schätzenswerte Einnahmequelle sah.

Zu den Zehnten war die Abtei zum grossen Teil durch Inkorporation der Pfarrkirchen ihres Gebietes gekommen, in einzelnen Fällen wohl auch durch Schenkung von Noval- oder Rottzehnten, d. h. den Zehnten von neu gerodeten Ländereien.[5] Schon früh wird das Kloster in Gladbach und Umgegend die Seelsorge ausgeübt haben und im Besitze des Patronats gewesen sein, d. h. das Recht gehabt haben, den Pfarrer zu präsentieren.[6] Es brauchte durchaus kein Priester aus der Reihe der Konventualen zu sein, sondern es konnte auch ein Weltgeistlicher dazu bestimmt werden. Im Jahre

---

[1] Ropertz 187 Urk. 3.

[2] Ebenda 187 Urk. 3.

[3] Ebenda 263 Urk. 51.

[4] Düsseldorf St. A. Urk. Nr. 21. Abt Hermann löste im Jahre 1247 einen Zehnten zu Hilvestraten, der verpfändet und dann auf einen dritten übertragen worden war, für 72 Mark wieder ein, um eine Verdunkelung dieses Zehnten zu verhüten. Zu diesem Zwecke veräusserte man Güter zu Lauveringhausen, die aber später wieder zurückgekauft wurden.

[5] Ropertz 183 Urk. 1. Erzbischof Sigewin von Köln schenkt im Jahre 1085 der Abtei den Novalzehnten im Kirchspiel Kempen.

[6] Ropertz 317 ff. Die Pfarre Gladbach umfasste ein grösseres Gebiet als heute. Es wird zu ihr gehört haben Hardt mit Winkeln und Vorst, Venn, Hehn, Neuwerk, Lürrip u. a. m.

1242 wurde die Gladbacher Pfarre inkorporiert. Noch 1243 wurde der Plebanus »clericus saecularis« genannt.[1] Nach dem Tode dieses Weltgeistlichen haben jedoch in Gladbach nur noch Ordensmitglieder pastoriert.

In Kempen und Umgegend war die Abtei schon sehr früh in den Besitz des Rottzehnten gelangt, fasste allmählich dort immer festeren Fuss, bis auch 1320 die Pfarre inkorporiert wurde.[2] Um die Mitte des 15. Jahrhunderts zahlte der Pächter des Kempener Zehnten dem Abte einen Pachtkanon von 106 Malter Roggen und 240 Malter Hafer.[3] Was der Pächter für sich selbst noch behielt, können wir nicht feststellen. Auf jeden Fall wird er bei dem Geschäfte verdient haben. Aus dieser Angabe ersehen wir, eine wie grosse Summe die Zehntleute aufzubringen hatten.

Im Gebiete von Dülken verfügte der Abt schon 1135 über einen Zehnten von Mackenstein, den er an das Kloster Neuwerk verschenkte.[4] Die Inkorporation der Pfarre fand 1352 statt, wodurch dem Kloster der Zehent im ganzen Gebiete von Dülken anheimfiel mit Ausnahme eines Teiles der kirchlichen Einkünfte, der für den jeweiligen Pfarrer, einem Ordensmitgliede, bestimmt wurde.[5] In gleicher Weise war der Abt in den Besitz des Zehnten im Gebiete der Zelle Bocholtz gelangt, der im Jahre 1320 die Pfarre Niederweiler einverleibt worden war.[6]

Der Zehent zerfiel in einen grossen und in einen kleinen oder schmalen Zehent. Der grosse Zehent umfasste die am meisten angebauten Getreidearten, Roggen und Hafer. Was alles unter den kleinen Zehent zu rechnen ist, geht aus den

---

[1] Ropertz 206 Urk. 16 und 208 Urk. 18.
[2] Ropertz 245 Urk. 41.
[3] Kopiar 4° fol. 285.
[4] Ropertz 187 Urk. 3.
[5] Ebenda 270 Urk. 55. Für den Vizepleban wurden reserviert die Opfergaben, 22 Morgen Ackerland, die 24 Malter Roggen abwerfen konnten, und 9 Mark Renten aus verschiedenen Häusern, von dem Zehent der kleine oder schmale Zehent ganz auf 15 Goldschilde berechnet, und von dem grossen Zehent 12 Malter Roggen und 12 Malter Hafer.
[6] Ropertz 243 Urk. 40.

Registern nicht klar hervor. Flachs- und schmaler Zehent werden stets zusammen genannt und verpachtet.[1] Daneben gehören die blutigen Zehnten zu ihm, wie Lämmer-, Kälber- und Hühnerzehnten.

Eine Erleichterung von dieser drückenden Zehentlast ist den Hintersassen der abteilichen Grundherrschaft nicht zuteil geworden. Vor allem waren die Zehnten in Gladbach nicht fixiert. Wohl mögen früher die zehentpflichtigen Bauern versucht haben, bei der jedenfalls schwierigen Durchführung der Zehnterhebung sich ihrer Pflicht zu entziehen.[2] Davon konnte aber nicht mehr die Rede sein, seitdem die Zehnten verpachtet wurden, ein Brauch, der um die Mitte des 15. Jahrhunderts einsetzte.[3]

Nebenher machte der Abt auch den Versuch, irgend einen Laien mit der Zehnterhebung zu betrauen, der die verschiedenen Zehnten sammeln und an die Abtei abliefern sollte.[4] Voraussichtlich ist das Kloster mit dieser Massnahme nicht gut gefahren, denn es blieb bei dem Versuche.

Hatte der Grundherr bei Misswachs, Hagelschlag usw. auf die Zehntleute Rücksicht nehmen können, so kannte der Pächter keine Schonung. Er hatte eine festgesetzte Abgabe als Pachtsumme an den Abt zu entrichten, wofür ihm der Grundherr das Recht der Zehnterhebung zu eigenem Nutzen einräumte. Der Abt Peter von Bocholtz regelte von neuem die Zehnterhebung und gestattete den Pächtern eine strenge Durchführung.[5] Wurde die Pachtsumme säumig oder nicht bezahlt, so sollte der Vertrag sofort beendigt sein.[6]

---

[1] Kopiar 4⁶ fol. 1 ff.

[2] Welche Einrichtungen für die Zehnterhebung bis zum 15. Jahrhundert bestanden haben, lässt sich nicht ermitteln. Möglich ist es, dass man eine Einteilung vornahm nach Bezirken, worin ein Fronhof als Zahlstätte bestimmt wurde. Düsseldorf St. A. Urk. Nr. 97. — Ropertz 256 Urk. 48.

[3] Kopiar 4⁶ fol. 1 ff. enthält die Verpachtungen der einzelnen Zehnten.

[4] Ebenda fol. 209 ff.

[5] Kopiar 1 fol. 57.

[6] Kopiar 4⁶ fol. 8 u. a.

Auch konnte jede Partei nach einer bestimmten Zeit kündigen.[1] Die Zehentleute waren dabei verpflichtet, beim Einfahren des Getreides die zehnte Garbe auf dem Felde als Zehent liegen zu lassen.[2] Der Zehentpächter hatte das Recht beim Einfahren zugegen zu sein und die Garben zu zählen, damit er zu seinem Gelde komme und nicht hintergangen würde. Man kann sich denken, mit welchem Hass die Bauern ein solches Verfahren ansahen und diese Abgabe, die wohl die drückendste von allen Lasten der gutsherrlichen Untertanen war, verabscheuten.[3]

Als letzte Abgabe, die von den Hintersassen der Abtei eingezogen wurde, kommen die Vogteigelder in Betracht. Sie wurden dem Gewalt- und Schirmherrn für den Schutz, den er den Klosterleuten zu gewähren verpflichtet war, bezahlt.[4] Der erste und erbliche Vogt, der uns in Gladbach im Jahre 1243 in der Ausübung seines Amtes begegnet, war ein Graf Wilhelm von Kessel. Er sollte nach den Aufzeichnungen eines Mönches, der im Jahre 1666 über die Rechtsverhältnisse der abteilichen Grundherrschaft von der Entstehung des Klosters bis zu seiner Zeit schrieb, freiwillig von Abt und Konvent im Jahre 1242 zum Schirmherrn gewählt worden sein.[5] Es ist dem Mönche aber nicht möglich, für diese seine Behauptung Belege beizubringen. Weiter berichtet er uns, dass vor dieser Zeit der Abt zu Gladbach im ganzen Territorium alleiniger Herr gewesen sei und die Schwertgerechtigkeit gehabt habe. Es habe also einen Vogt, dem

---

[1] Kopiar 4° fol. 73.

[2] Ebenda 1 fol. 57.

[3] Heute noch kann man in der Gladbacher Gegend bei alten Leuten, die von ihren Vätern oder Grossvätern über die abteiliche Zeit gehört haben, eine Abneigung gegen die Herrschaft der Mönche wahrnehmen. Sie würde Napoleon I. einen grossen Mann nennen nur, weil er durch Aufhebung der Abtei die Leute von einer solchen Plage befreite, wenn er auch sonst nichts geleistet hätte.

[4] Vgl. über Vogtei Brunner II 302. Schröder 550 II. Aufl. Lamprecht I² 1062 ff.

[5] Kopiar 3 fol. 7.

die Gerichtsbarkeit zustand, vorher nicht gegeben.[1] Wir können jedoch dem braven Forscher, der in seiner ganzen Schrift mutig für die Rechte seines Klosters eintritt, keinen Glauben schenken. Das Grafengeschlecht von Kessel und Grevenbroich ist unzweifelhaft weit früher im Besitze der Gladbacher Vogtei gewesen. Im Jahre 1243 stand dem Vogte Wilhelm von Kessel schon ein Mitverfügungsrecht über Grund und Boden zu. Die abteilichen Untertanen, hier der ärmere Teil von ihnen, wandten sich damals klagend über ein ihnen zugefügtes Unrecht an den Abt und an den Grafen, als ihren berufenen Beschützer.[2]

Die Annahme wird kaum einem Zweifel unterliegen, dass der Erzbischof von Köln als Gründer des Klosters und in seiner Eigenschaft als Herzog von Lothringen, zu welchem Lande Gladbach gehörte, die Schirmvogtei gleich im Anfange für sich in Anspruch genommen hat. Zur Ausübung dieses Amtes mag er wohl selbst nicht geschritten sein. Er wird vermutlich irgend einen seiner Ministerialen und Vasallen zu seinem Stellvertreter oder Untervogte bestimmt haben, bis es den Grafen von Kessel und Grevenbroich gelang, erblich die Vogteigerechtsame auszuüben. Da die Kölner Erzbischöfe den Glanz ihrer Kirche durch eine grosse und mächtige Vasallität zu erhöhen suchten, so waren auch die Grafen von Kessel Lehnsleute der Erzbischöfe geworden.[3] Sie gehörten zu ihren vornehmsten Vasallen.[3] Als solche werden sie und vielleicht auch als Grafen des Mülgaues in den Besitz der Vogteischaft gelangt sein.

Das Schicksal war den Grafen von Kessel nicht günstig. Sie verloren infolge ihrer ständigen Geldverlegenheit eine Besitzung nach der anderen. Immer mehr sank daher ihr

---

[1] Kopiar 3 fol. 7. Abt und Gotteshaus zu Gladbach seien im ganzen »territorio meri et mixti domini« gewesen und hätten »gladii potestatem« gehabt.

[2] Ropertz 209 Urk. 19. Abt und Vogt erlassen eine Verordnung über die Benutzung des Gemeindewaldes. Jedem Mansus wird ein bestimmter Teil zugewiesen, damit die Uebervorteilung der Armen durch die Reichen ein Ende nehme.

[3] Norrenberg 58.

Ansehen und ihre Macht, so dass sie sich schliesslich gezwungen sahen, zu dem mächtigen Grafen von Jülich in ein Lehensverhältnis zu treten.

Im Jahre 1278 hatte Heinrich von Kessel die Lehnshoheit Kölns über Grevenbroich und Gladbach noch anerkannt, jedoch Walram, der letzte Graf seines Stammes, der 1305 starb, erscheint als Lehnsmann der Grafen von Jülich im Besitze von Grevenbroich und Gladbach.[1] Nach seinem Tode machte das Erzstift auf die Kesselschen Besitzungen als Kölner Lehen Anspruch, während Jülich sie für sein Allod erklärte. Durch einen Schiedsspruch des Herzogs von Brabant kam Grevenbroich an Jülich.[2] Damit ging auch die Vogteischaft Gladbach in den Besitz der Jülicher Grafen über, die sie später durch Untervögte ausüben liessen.

Die Tatsache, dass Köln beim Aussterben des Hauses Kessel an Grevenbroich und somit an der Vogtei in Gladbach als Kölner Lehen sein Obereigentumsrecht geltend machte, bestätigt die Annahme, dass die Gladbacher Vogteischaft in den ältesten Zeiten dem Erzbischof von Köln zugehört hatte.

Die abteilichen Besitzungen in Kempen und Oedt unterstanden noch in später Zeit, wie aus einem Streite des Abtes Peter von Bocholtz mit dem Kölner Erzbischof hervorgeht, dem Blutbanne des Kölner Stuhles.[3]

Weit früher als im Territorium Gladbach erhalten wir Auskunft über die Vogtei in Niederweiler und Ramersbach, im Gebiete der Zelle Bocholtz. Aus einer Urkunde des Jahres 1163 geht hervor, dass die abteilichen Untertanen von Bocholtz von einem Vogte Konradus durch Erpressungen

---

[1] Norrenberg 97 ff.
[2] Ebenda 101.
[3] Fahne, Dynasten I² 394. Der Erzbischof hatte sich von den Bewohnern Kempens huldigen lassen. Der Abt als Grundherr protestierte dagegen und drang mit seinem Einspruch durch. Ein Weistum der Schöffen bestimmt, dass dem Abte als Grundherrn die Exekution gerichtlicher Urteile zustehe und sie von Schultheiss, Schöffen und Gerichtsboten vollführen lassen könne. Bei Gewalttaten müsse der erzbischöfliche Schultheiss auf Anrufen Schutz und Hilfe gewähren und die Missetäter bestrafen.

hart bedrückt wurden.[1] Der Abt Robertus ging daher mit dem Vogte einen Vergleich ein, der seine Rechte genau regelte. Bei dieser Gelegenheit wird auch ein advocatus superior, Godefridus von Breidscheit, als Obervogt von Bocholtz erwähnt, der sich mit dem getroffenen Abkommen einverstanden erklärte. Für die Folgezeit melden uns die Quellen über die dortige Vogtei wenig mehr, bis im Jahre 1469 Dederich Hurst, Herr zu Ulme, und seine Gemahlin Anna von dem Geyssbusche, die damals im Besitze der Vogteischaft waren, einem Johann von Ketzge Vogtei, Gericht und Herrlichkeit zu Bocholtz verkauften.[2] Johann von Ketzge blieb nicht lange im Besitze der Vogteischaft. Er trat sie bald an den Abt Aegidius von Bocholtz käuflich ab. Da die Abtei jedoch nicht imstande war, die Vogteigerechtsame auszuüben, so sah sie sich bald gezwungen, sie wieder einem weltlichen Herrn zu übertragen. Die Wahl fiel auf das Haus Braunsberg. Die Edlen von Braunsberg suchten in der Folgezeit die Vogtei erblich an sich zu bringen. Bei ihrem eigenmächtigen Vorgehen gerieten sie bald in Streit mit dem tatkräftigen Abte Peter von Bocholtz, dessen Willen sie sich schliesslich fügen mussten.[3]

Wie in den meisten geistlichen Territorien, so versuchten auch in Gladbach die Vögte allmählich die Landeshoheit zu erringen und dem geistlichen Grundherrn sein alleiniges Recht an Grund und Boden streitig zu machen. Während die Grafen von Kessel mit diesem Bestreben noch nicht durchzudringen vermochten, wurde das der Grafen von Jülich mit Erfolg gekrönt. Ein Mitverfügungsrecht über Grund und Boden hatte schon der erste uns bekannte Vogt aus dem Hause Kessel, wie oben erwähnt, erlangt. Der letzte seines Stammes, Walram, war bereits soweit gegangen, auf Gladbacher Gebiet eigenmächtig eine Zollstätte zu errichten. Doch war es dem Abte noch möglich gewesen, gegen diesen Akt

---

[1] Ropertz 189 Urk. 4.
[2] Düsseldorf St. A. Urk. Nr. 199.
[3] Fahne, Dynasten III 53 und 56—57. Notarielle Urkunde über die Gerechtsame der Abtei Gladbach in der Herrlichkeit Niederweiler.

der Willkür Einspruch zu erheben und seinem Rechte Geltung zu verschaffen.[1] Zwanzig Jahre später erscheint bereits der Jülicher, der inzwischen die Aemter Grevenbroich und Gladbach an sich gebracht hatte, als Landesherr. In einer Urkunde aus dem Jahre 1325, worin er den Hintersassen des Klosters befahl, nur auf den Mühlen des Abtes mahlen zu lassen, nennt er die Klosterleute Gladbachs seine Untertanen,[2] eine Bezeichnung, die bis zur Mitte des 14. Jahrhunderts in den Territorien allgemeine Verbreitung gefunden hatte, und die Unterwerfung unter die Gewalt des Landesherrn zum Ausdruck brachte.[3] Die erste allgemeine Landessteuer im Territorium Jülich, wozu das Gebiet der Abtei selbstverständlich auch herangezogen wurde, fällt in das Jahr 1447.[4] Im Jahre 1519 wurde die Schatzfreiheit der abteilichen Halfleute,[5] die sicherlich auf die Steuerfreiheit der Geistlichen zurückging, jetzt aber seit Einstellung des Eigenbetriebes und Verpachtung der Höfe ihre Berechtigung verloren hatte, endgültig aufgehoben. Wie die anderen herzoglichen Untertanen Gladbachs wurden auch die Pächter besteuert.[6] Die Rechte des Abtes, die ihm als Grundherrn seines Gebietes verblieben waren, suchten die Herzöge oder ihre Untervögte und Amtleute ebenfalls immer mehr zu beschneiden.[7] Im Jahre 1552 musste der Abt Peter von Bocholtz, der auf seinem eigenen Grund und Boden eine

---

[1] Ropertz 231 Urk. 34. Hinc est quod confitemur et protestamur in his scriptis, quod telonium in parochia nostra de Gladebacho in proprietate b. Viti mart. iniusto modo constituimus ac ibidem iniurioso et non rito modo recepimus.

[2] Ebenda 248 Urk. 43. . . . nostri homines in Gladebach et in territorio ibidem residentes . . .

[3] v. Below II 67.

[4] Ebenda II 56. Vgl. auch über die Entwicklung der Landeshoheit in der Grafschaft Jülich Benzenberg. Ueber Provinzial-Verfassung I 430 ff. Hamm 1819.

[5] Die Bezeichnung Halfmann ist in Gladbach gleichbedeutend mit Pächter, der eine festgesetzte Quote des Ertrages als Pachtsumme abzugeben hatte.

[6] Norrenberg 150.

[7] Vgl. Eckertz 81 ff.

Windmühle erbauen wollte, vorher die Erlaubnis des Herzogs einholen, die ihm nur gegen eine jährliche Abgabe gewährt wurde.[1] Die Landeshoheit der Grafen und Herzöge von Jülich über das abteiliche Gebiet bedeutete für den Fortbestand des Klosters einen Vorteil, denn an dem immer mächtiger emporstrebenden Fürsten, der sein Territorium zu einem starken Staatsverbande ausbaute, hatte die Abtei einen festen Halt.

Glücklicher war die Abtei in dem Bestreben, die Machtgelüste der Schutzherren zu vereiteln, in Kempen, Oedt und in Bocholtz.[2]

Die vogteilichen Abgaben, die regelmässig von den klösterlichen Hintersassen als Vogteileuten geleistet wurden, bestanden in der Sommer- und Herbstbede, einer steuerähnlichen Abgabe, in den Schutzgeldern, die in Hafer, Hühnern und auch Geld jährlich entrichtet wurden, und endlich in dem Servitium oder der Verpflegung des Vogtes, wenn er im Vogteigebiete weilte, wie z. B. beim Abhalten des Vogtgedinges.[3] Die Sommer- und Herbstbede verwandelte der Vogt Heinrich von Kessel im Jahre 1274 in eine feste Abgabe von $76^{1}/_{2}$ Mark.[4] Damit war den Erpressungen der Vogteileute von Seiten des Vogtes ein Riegel vorgeschoben.

Man hat diese Vogtbede als eine Summe aufzufassen, die der Schirmherr von der Gesamtheit forderte, während das Schutzgeld von jedem einzelnen erhoben wurde. Nur die Sommer- und Herbstbede, vielleicht die den Vogteileuten unangenehmste Forderung, wurde festgesetzt. Der Vogt kümmerte sich nicht darum, wieviel der einzelne dazu beitrug. Das zu bestimmen war Sache der Vogteileute.

Anders beim Schutzgeld. Ausdrücklich wurde hervorgehoben, dass die sonstigen Rechte, wie die Forderung an

---

[1] Ropertz 127.
[2] Vgl. Seite 33 Anm. 3 und 34.
[3] Vgl. Lamprecht I² 1080—82.
[4] Ropertz 219 Urk. 26. Von diesen $76^{1}/_{2}$ Mark flossen 70 in seine eigene Tasche, 3 erhielten seine Beamten, $3^{1}/_{2}$ die Schöffen von Gladbach für die Mühe des Einsammelns.

Hühnern, Hafer und Geld, ihm erhalten bleiben sollten, also hatte er auch fernerhin hierbei das Recht, diese Abgabe von jedem einzelnen unmittelbar zu erheben.[1] Von dem Schutzgeld, das man den Vogthafer bezeichnete, konnten die Hintersassen vom Grundherrn, der vielleicht eine bestimmte Summe dem Vogte dafür zu zahlen hatte, auch entbunden werden.[2]

Das Recht des Servitiums, der Verpflegung, beuteten die Vögte manchmal in rücksichtsloser Weise aus. Sie erschienen nicht bloss alljährlich im Vogteigebiete, um das Vogtding zu halten und um Recht zu sprechen, sondern sie stellten sich auch ausser der üblichen Zeit ein und nahmen die Gastfreundschaft der Bevogteten bei ihrer ständigen Geldnot, mehr als Recht war, in Anspruch. Der Abt als Grundherr sah sich daher oft genötigt, zu Gunsten seiner Hintersassen einzuschreiten. Im Jahre 1163 traf der Abt mit dem Vogt ein Uebereinkommen dahin, dass jener gegen eine Entschädigung von 15 Mark von seinen regelmässigen Besuchen Abstand nahm und nur, wenn er um Streitigkeiten zu schlichten gerufen wurde, zu erscheinen verhiess. Seine Frau und sein Bruder erhielten beide noch eine halbe Mark. Es wurde also die Verpflegung auf die Zeit des Vogtdinges eingeschränkt. Alle Abgaben, auf die er sonst noch als Vogt Anspruch hatte, blieben ihm dabei erhalten.[3]

Die klösterlichen Besitzungen konnten Befreiung von sämtlichen Vogteilasten durch die Vögte selbst erhalten, wenn ihnen eine bestimmte Summe dafür geboten wurde. So befreite im Jahre 1285 Heinrich von Kessel ein der Abtei zinspflichtiges Grundstück zu Keyenberg, 1½ Mansus oder 90 Morgen gross, gegen eine Entschädigung von 4 Mark, die

---

[1] Ropertz 219 Urk. 26. Insuper etiam salva nobis erunt omnia iura, que ... nobis tam de pullis quam de avena et quam et de vectigalibus facere consueverunt.

[2] Düsseldorf St. A. Urk. Nr. 256.

[3] Ropertz 189 Urk. 4. Eine Differenzierung der Vogteiabgaben finden wir hier noch nicht. Sie bestehen in Getreide, Wein und Geld für Fleisch und Bier. Für die Abgaben in ihrer Gesamtheit findet sich der Ausdruck Servitium.

ihm der damalige Besitzer auszahlte, von allen vogteilichen Abgaben.[1]

Der Vogt bezog bisher von diesen 90 Morgen jährlich 6 Denare,[2] während das Gut an Grundzins der Abtei von jedem Morgen einen Denar, also eine Summe von 90 Denaren, entrichten musste.[3] Die Möglichkeit, die Höhe der Vogteilasten und der Grundzinse als eine gleiche anzunehmen, ist nach diesem urkundlich überlieferten Verhältnis der Abgaben zu einander, für die Grundherrschaft Gladbach ausgeschlossen.

Da der Vogt Mitteilhaber des grundherrlichen Gerichtes war, stand ihm auch das Recht zu, für seine richterliche Tätigkeit eine Besoldung zu verlangen. Es ist uns wegen Mangel an Quellen nicht möglich, ein klares Bild über die Mitgerichtsherrschaft des Vogtes in Gladbach während des Mittelalters, überhaupt über die Handhabung des Rechtswesens zu gewinnen. Aus späteren Aufzeichnungen, die aus der Mitte des 16. Jahrhunderts stammen, können wir uns, weil die Verhältnisse sich wohl kaum erheblich geändert hatten, einen Rückschluss erlauben.[4] Dem abteilichen Schultheiss fielen die Gerichtsgefälle bei Bagatellen zu, die wohl auch durch ihn allein zum Austrag kamen, während bei schweren Vergehen, wie Diebstahl, Mord, Meineid usw., die ohne Zweifel nur im Vogtgeding verhandelt wurden, sich Abt und Vogt gleichmässig in die Gefälle teilten.

Wir haben damit alle Nachrichten zusammengestellt, die die Urkunden und Akten über die Stellung der Hintersassen des Klosters Gladbach und über ihre Abgaben und Leistungen ergeben. Aus der Darstellung wird man ersehen, dass die Lage der Hörigen keineswegs beneidenswert war, auch wenn sie sich in den letzten Jahrhunderten des Mittelalters im Verhältnis zu früher bedeutend gebessert hatte. Vor allem war das Besthauptrecht für die Laten eine drückende Last.

---

[1] Ropertz 222 Urk. 29.

[2] Ebenda. ... cum de dictis bonis singulis annis sex denarii debiti nobis fuerint ratione dicte advocationis et soluti.

[3] Ebenda. ... dictis religiosis solventes singulis annis census annuos, tot denarios numero quo sunt iurnales.

[4] Kopiar 3 fol. 168.

Wohl wurde das Besthaupt selbst meist nicht mehr gefordert, sondern die Abgabe mit Geld abgelöst. Da die Ablösungssumme aber durchaus nicht niedrig bemessen war, so musste sie die Hörigen bei ihren meist ärmlichen Verhältnissen, die schon infolge der manchmal allzu kleinen Wirtschaftsbetriebe nicht ausbleiben konnten, auf lange Zeit hin in Schulden stürzen. Dazu kamen dann noch die anderen jährlichen Abgaben, die zusammen einen grossen Teil des Jahresertrages ausmachten, so dass es wohl nicht möglich war, die gemachten Schulden sobald begleichen zu können. Von den jährlichen Leistungen der abteilichen Untertanen scheint mir die Zehentlast die drückendste gewesen zu sein. Grundzins und zum grossen Teil Vogteigelder waren doch im Laufe der Zeit zur Erleichterung der Bauern fixiert worden, dagegen passte sich der Zehent bis in die jüngsten Zeiten dem Naturalertrage des Gutes an.

§ 2. Die örtliche Verwaltung der Kloſtergüter.

a. Die Frage, wie sich die Verwaltung der Güter, wie sich der ganze Wirtschaftsbetrieb an Ort und Stelle in den Anfängen des Klosters gestaltete, ist bei der dürftigen Ueberlieferung schwer zu beantworten. Wir sind nicht im Besitze eines Heberegisters, das wesentlich dazu beitragen könnte, ein vollständiges Bild über die lokale Verwaltung des Grundbesitzes gewinnen zu lassen. Es bleibt daher nichts anders übrig, als auf Grund kurzer Notizen, die sich in einigen Urkunden verstreut finden, den Versuch zu machen, einen Einblick in die lokale Verwaltung der Klostergüter während des Mittelalters zu gewinnen.

Wesentliche Abweichungen in der Verwaltung und Bewirtschaftung des Grund und Bodens lassen sich bei den einzelnen Grundherrschaften nicht feststellen. So werden auch die Mönche zu Gladbach kein neues Verwaltungssystem erfunden, sondern die Formen älterer Organisationen eingeführt haben. Zudem waren der erste Abt und seine Mönche keine Neulinge in der Verwaltung des klösterlichen Grundbesitzes.

In der ersten Zeit, als der Besitz noch ausschliesslich in der Nähe des Klosters lag, und nur wenige Höfe und Hufen den Mönchen gehörten, wird man von dem Fronhofsystem abgesehen haben, weil der Grundherr noch imstande war, alles zu überblicken und selbst zu leiten. Sobald aber das Klostergut wuchs und die engen Grenzen Gladbachs überschritt, war ein ausschliesslich durchgeführter Eigenbetrieb unmöglich geworden. Wie konnte sich jetzt noch der Grundherr um die Bewirtschaftung der einzelnen Latenhöfe kümmern, die an Zahl immer stiegen und 5—10 km und weit mehr von der Abtei entfernt lagen. Er musste Vertreter ernennen, die für ihn und in seinem Namen die Verwaltung und Bewirtschaftung der Güter beaufsichtigten. So wird man zum Fronhof- oder Villikationssystem geschritten sein. Dass alle Höfe, die oben aufgezählt sind, zu Villikationen ausgebaut wurden, lässt sich kaum annehmen. Der Geschäftskreis der Villici würde dann, da doch fast die Hälfte der Höfe auf Gladbacher Gebiet und nicht weit von einander entfernt lagen, zu eng gewesen sein. Für Gladbach selbst möchte ich als grössere Villikation nur das Hofgut Gladbach, das auch nachweisbar den Namen Fronhof getragen hat,[1] gelten lassen. Als ein geschlossener Hofbetrieb tritt er uns freilich in den erhaltenen Urkunden nicht mehr entgegen. Wann er aufgelöst wurde, entzieht sich unserer Kenntnis. Das zugehörige Salland, Juikländerei genannt, wurde später in einzelnen Stücken verpachtet.[2]

Neben diesem eingegangenen Hofgut findet sich für Kühlenhof auf der Hardt[3] und für den Hof zu Riehl[4] bei Köln noch die Bezeichnung Fronhof. Jedenfalls werden diese beiden Höfe einen ausgedehnten Wirtschaftskreis umfasst haben. Zu Kühlenhof, so wird man zweifellos annehmen dürfen, werden sämtliche Latenhöfe auf der Hardt und die im Kirch-

---

[1] Ropertz 115. ... quae propterea percipit in terris dictis Iuike, spectantibus in curtem Vronhoeve.
[2] Kopiar 4⁵ fol. 1.
[3] Düsseldorf St. A. Urk. Nr. 97.
[4] Eckertz 296 Urk. 8.

spiel von Waldniel, wenn diese schon zu damaliger Zeit der Abtei eigentümlich waren, gehört haben.[1] Wir können, ohne fehl zu gehen, wenigstens 30 — 40 abhängige Güter auf diesen Fronhof rechnen.

Nicht allen aber wird eine so grosse Zahl von Hufen unterstellt gewesen sein. Im Jahre 1337 wird Beekerhof, damals noch ein Lehengut, mit nur drei zugehörigen Kurmeden erwähnt.[2] Offenbar wieder eine grössere Zahl höriger Mansen werden dem Engelshof zu Holt zuzuschreiben sein. Von diesem Hofe wissen wir, dass die abhängigen Laten nicht ausschliesslich in der Honschaft, worin der Fronhof lag, ansässig waren, sondern dass sie sich auf mehrere Bauerschaften, die zum Teil in ganz beträchtlicher Entfernung vom Haupthof gelegen waren, verteilten.[3] Von diesen fünf Höfen können wir trotz der mangelhaften Ueberlieferung mit Bestimmtheit behaupten, dass sie regelrechte Fronhofsysteme gebildet haben, die eine Anzahl höriger Bauerngüter mit ihren Familien umschlossen, und an deren Spitze der Meier des Haupthofes als grundherrlicher Beamter stand.

Die Meier oder Villici wurden vom Abte, als dem Grundherrn, mit der Verwaltung und Bewirtschaftung eines Fronhofes betraut und übten in seinem Namen Rechte über die Menschen und die Güter aus, die zu ihrem Wirtschaftsbezirk gehörten.[4] Sie hatten neben den Erträgnissen des Haupthofes auch die Abgaben der Laten, die letztere an den Fronhof zu entrichten hatten, an den Herrn abzuliefern. Streitigkeiten der Laten untereinander oder mit dem Herrn selbst über Besitzverhältnisse und Dinge rein wirtschaftlicher Art wurden

---

[1] Mit einer anderen Villikation konnten sie kaum verbunden gewesen sein, weil sich ausser Kühlenhof in der Nähe keine mehr befand; an den Fronhof zu Gladbach konnte der Abt Hardter Laten auch nicht verwiesen haben, weil sie dann auch, abgesehen von der weiten Entfernung, in unmittelbare Beziehung zum Stifte hätten treten können.

[2] Ropertz 113.

[3] Ropertz 256 Urk. 48. . . . prout sita est, una cum agris et decimis in Gladbach et in Ude (Oedt), censibus, pensionibus, hiemannis, curmedis ac aliis universis pertinentiis et iuribus ad eandem spectantibus.

[4] Wittich 278 ff.

im Hofgericht oder Meierding, dessen Vorsitzender der Meier im Namen seines Herrn war, geschlichtet.[1]

Das Verhältnis des Meiers zum Herrn fand seine Erklärung in dem Dienstauftrag.[2] Der Villikus hatte die Vertretung des Abtes übernommen und bewirtschaftete und verwaltete das Land nur für ihn. Ein eigenes Recht und Interesse an der Villikation hatte er nicht. Für seine Tätigkeit und Mühewaltung wurde er besoldet. Die Erträgnisse des Hofes sollten unverkürzt in den Besitz des Grundherrn gelangen. In einer Urkunde aus dem Jahre 1183 wird das Honorar des Meiers praebenda genannt. Er bezog es in diesem Falle nicht aus den Einkünften des Hofes, den er zu verwalten hatte, sondern aus den Gefällen einer Mühle.[3]

Der Abt Walterus vermachte urkundlich den ganzen Gewinn aus der unteren Mühle den Brüdern mit Ausnahme der Präbende des Schusters und des Verwalters des grösseren Hofes.[4] Wahrscheinlich ist hiermit der Fronhof zu Gladbach gemeint, dem vielleicht die Eigenschaft eines Oberhofes zukam. Versteht man unter Präbende den täglichen Lebensunterhalt, was in diesem Falle wohl zweifellos geschehen muss, weil der Schuster jedenfalls ein Leibeigener des Abtes war, der in seinem unmittelbaren Dienste stand, und als solcher nichts weiter zu verlangen hatte als Kost und Kleidung, so dürfen wir annehmen, dass die Besoldung des Verwalters nur den Lebensunterhalt ausmachte. Für eine solch ausgedehnte Beamtentätigkeit, wie sie ein Meier auszuüben hatte, war jedoch eine Präbende keine entsprechende Besoldung, es sei denn, dass er ein Höriger war, der von der Gnade des Abtes lebte. Und das müssen wir in diesem Falle annehmen.

Wie in allen anderen Grundherrschaften, so werden auch die abteilichen Villici Gladbachs allmählich von ihrer hörigen

---

[1] Wittich 294.
[2] Ebenda 305.
[3] Ropertz 195 Urk. 9.
[4] Ebenda. ... totum emolumentum eiusdem excepta prebenda sutoris et procuratoris maioris curtis ...

Stellung emanzipiert und sich über ihre Standesgenossen, die nicht in ein Dienstverhältnis zum Grundherrn getreten waren, erhoben haben. Es lag schon in der Natur der Sache begründet, dass die Villici, die doch eine verantwortungsvolle Stelle bekleideten und öfters mit dem Herrn verkehren mussten, auch in dessen Augen an Bedeutung gewannen und bei ihrer zweifellos steigenden Bildung auch selbständig und selbstbewusst dem Herrn gegenübertraten. So werden sie vielfach vom Abte bei Rechtsgeschäften neben Ministerialen herangezogen und schliesslich selbst zu Ministerialen geworden sein.[1]

Wie weit zurzeit der vollen Blüte der Fronhofverfassung die Fronpflicht der abhängigen Laten ging, lässt sich für die Grundherrschaft Gladbach nicht nachweisen. Im allgemeinen werden diese Dienstleistungen nicht bedeutend gewesen sein. Die Annahme, dass sie sich auf einige Diensttage zur Erntezeit beschränkten, wird die grösste Wahrscheinlichkeit für sich haben, wenn man bedenkt, dass auf den Höfen selbst ein meist zahlreiches Gesinde lebte, das die Kraft der Arme für den täglichen Lebensunterhalt in den Dienst des Herrn stellte.[2] Einer Mehrleistung bedurfte es schon deshalb nicht. Sobald das Villikationssystem der Auflösung verfiel und die Abtei die Latengüter getrennt vergab, kam der Frondienst ganz in Wegfall.

b. Infolge der Standeserhöhung der Meier trat auch folgerichtig eine Veränderung ihrer rechtlichen Stellung ein. Ihre Amtstätigkeit wurde nicht mehr als die eines beauftragten Beamten belohnt, sondern ihre Besoldung wurde »benefiziarisch geregelt«.[3] Auch gelangten sie allmählich in den erblichen Besitz ihres Amtes und sahen dieses als ein ihrer Familie zugehöriges Lehen an. Sobald sich aber diese Ansicht über das Verhältnis des Meiers zum Herrn und über seine Stellung innerhalb des Wirtschaftsbezirkes endgültig eingebürgert hätte, war der Wohlstand des Klosters gefährdet. Damit

---
[1] Ropertz 191 Urk. 6 und 195 Urk. 9.
[2] Ebenda Urk. 3. Vgl. Seite 24.
[3] Lamprecht I^2 771 ff.

musste das alleinige Recht des Herrn an Grund und Boden und vor allem mussten die Einkünfte aus den Höfen zum grössten Teil für ihn verloren gehen. Abt und Konvent werden die Gefahr, die sich in dieser Entwickelung barg, nicht übersehen und die Notwendigkeit erkannt haben, eine umgestaltende Aenderung in der Lokalverwaltung ihrer Güter eintreten zu lassen. Das werden die Gründe gewesen sein, weshalb man allmählich mit der Fronhofverfassung brach und zum Pachtvertrage, wie er in den letzten Jahrhunderten des Mittelalters meist üblich war, überging. Freilich wird diese Veränderung nicht mit einem Schlage vor sich gegangen sein, sondern man hat zunächst noch das alte System teilweise weiter bestehen lassen. Man übertrug aber nicht mehr ministerialischen Meiern, sondern Leuten bäuerlichen Standes und vielfach Geistlichen die Bewirtschaftung.[1] Wie der Abt die Meier, deren Familie lange im Amte gewesen war und sich wohl darin fühlte, wie in einem schuldenfreien Eigen, zum Verzicht gebracht hat, wissen wir nicht. Jedenfalls aber werden sie gegen eine entsprechende Entschädigung zurückgetreten sein.[2] Die Entwickelung drängte vorwärts und liess das Pachtwesen immer weitere Ausdehnung annehmen. Ganze Fronhofsverbände wurden verpachtet, Haupthof und zugehörige Latenhöfe. Anfangs bevorzugte man bei diesen Verpachtungen Geistliche,[3] Mitglieder der eigenen Genossenschaft[4] und auch wohl geistliche Körperschaften.[5]

Bei solchen Gelegenheiten wird man immer mehr das Fronhofsystem gelockert haben, bis schliesslich die Villikation ihre alte Bedeutung vollständig verlor und die hörigen Höfe gänzlich vom Haupthof getrennt wurden. Allerdings ganz abgeschafft wurde die Fronhofswirtschaft nicht. Der Fronhof zu Riehl wurde noch im Jahre 1437 als solcher an das

---

[1] Fahne III 34, Urkunde aus dem Jahre 1245. Die geistlichen Brüder von Steinbukelt verwalten den Hof zu Riehl. ... quod curtis in Rylc, quam tantum iure villicationis possidemus.

[2] Lamprecht I² 772.

[3] Annalen d. hist. V. f. d. Niedrh. 303 Urk. 1.

[4] Ropertz 256 Urk. 48.

[5] Eckertz 296 Urk. 8.

Kloster Altenberg in Erbpacht gegeben, mit dem er bis zur Aufhebung der Abtei vereinigt blieb. Voraussichtlich ist hier das Villikationssystem bestehen geblieben, jedoch nur aus ökonomischen und praktischen Gründen. Für das Territorium Gladbach können wir zweifellos annehmen, dass sich die neue Verwaltungsform im Laufe des 14. Jahrhunderts fast durchweg Bahn brach. Ob die Verwaltung des Kühlenhofes auf der Hardt ebenfalls mit der Entwickelung gleichen Schritt gehalten hat, lässt sich nicht erkennen, da die Ueberlieferung uns über Kühlenhof von 1326—1481 nichts mehr berichtet. Aus dem letzteren Jahre ist der älteste Pachtbrief des früheren Fronhofes uns erhalten.[1] Er wurde damals an einen Bauern von Hardt mit Namen Kühlen verpachtet.[2]

Aus den Angaben der Gladbacher Quellen muss man den Schluss ziehen, dass man in Gladbach über Vergabungen der Villikationen an Meier durch Dienstauftrag keine schriftlichen Aufzeichnungen gemacht hat, sondern sich erst bei der regelrechten Verpachtung hierzu bequemte. Wahrscheinlich ist es daher, dass der Abt den Kühlenhof lange als Fronhof hat bestehen und durch einen beauftragten Verwalter hat bewirtschaften lassen, denn man kann wohl nicht annehmen, dass alle Pachtbriefe gerade über Kühlenhof bis 1481 verloren gegangen sind, während wir doch solche von anderen Höfen, die rund 200 Jahre früher schon verpachtet wurden, in ziemlich grosser Menge besitzen. Auch liefert der Name des Hofes für diese Ansicht einen Beweis. Dass der Abt am Ausgang des Mittelalters noch Eigenbetrieb hatte, zeigt uns auch die Bewirtschaftung des Widdumshofes, die Knechten und Mägden übertragen wurde.[3]

Den gewöhnlichen Gang der Verwaltung hat das Kloster auch mitunter, dem finanziellen Zustande des klösterlichen Haushaltes Rechnung tragend, durchbrochen. So sahen sich im Jahre 1270 Abt Theoderich und Konvent genötigt, ihre

---

[1] Kopiar IV¹ fol. 261.

[2] Seit dieser Zeit datiert nachweisbar sein Name, der sich bis auf den heutigen Tag erhalten hat.

[3] Kopiar IV¹ fol. 1.

Zelle zu Bocholtz mit allem Zubehör dem damaligen Vogte, Johann von Guntreve, der vermutlich ein zahlungsfähiger Herr war, auf 28 Jahre zu verpachten.[1] Neben dem Pachtkanon, der dem Mutterkloster zu Gladbach zukam, hatte der Pächter den vier Mönchen, die die dortige Zelle bewohnten, die üblichen Präbenden zu gewähren, die in der festgesetzten Abgabe von 24 Malter Roggen, 12 Mark und 14 Ohm Wein an die Brüder gelangten. Vier Ohm besseren Weins musste er noch als Messewein liefern. Der Pastor von Weiler erhielt für den Zehnten 6 Mark. Diese Verpachtung der Zelle Bocholtz blieb ein Ausnahmefall. Nach 28 Jahren fiel die Zelle an das Kloster zurück. In Zukunft wurde sie wieder, wie üblich, durch einen Propst oder Provisor, wie er auch vom Abte genannt wurde,[2] mit den zugehörigen Gütern verwaltet.

In ähnlicher Weise wich der Abt im Jahre 1273 von der üblichen Verwaltungsmethode ab, als er einen Bürger aus Neuss, Henrikus, genannt Chirurgikus, beauftragte, die klösterlichen Güter in Kempen und Oedt zu verwalten und die Einkünfte eifrig zu sammeln, um die verschuldeten und verpfändeten Mühlen wieder einlösen zu können.[3] Infolge schlechter Verwaltung wird jedenfalls der Abt zu diesem Schritte genötigt worden sein. Von dem Neusser Bürger, bei dem wir kaufmännische Bildung voraussetzen können, wird das Kloster einen Wandel zum Besseren in der Verwaltung der Güter zu Kempen erwartet haben.

Es sind jedoch diese Ausnahmen von der üblichen Verwaltung nachweisbar nur bei Gütern, die durch ihre weite Entfernung vom Kloster der Kontrolle des Grundherrn leichter entzogen werden konnten, vorgekommen.

---

[1] Fahne III Urk. 36. . . . sub annua pensione.
[2] Ebenda III 42, Urk. aus dem Jahre 1371.
[3] Düsseldorf St. A. Urk. Nr. 29. Ropertz 107. Unter dem Abte Theoderich scheint die klösterliche Kasse an einem chronischen Defizit gelitten zu haben. So wurde auch zu seiner Zeit ein Hof zu Halen veräussert, der im Jahre 1282 in den Besitz der Abtei Kamp überging (Ropertz 222 Urk. 28). Im Jahre 1262 sah sich Theoderich genötigt, Wertsachen und Bücher des Klosters zu verpfänden (Ropertz 216 Urk. 24).

Konservativer in der Verwaltung der Güter, die in einem Umkreise von 5 — 10 km um die Abtei lagen, ist man auf jeden Fall gewesen, und nur allmählich, wo es unumgänglich notwendig war, zu wesentlichen Aenderungen geschritten. So fand schon mehr als ein Menschenalter früher das Pachtwesen in Riehl bei Köln Eingang. Als es sich hier bewährte, wird man auch in Gladbach unter dem Drucke der Verhältnisse allgemein dazu übergegangen sein.

Die Art der Verpachtung war bei den einzelnen Höfen im wesentlichen dieselbe. Abweichungen sind nur insoweit vorgekommen, als sie durch die Lage des Gutes bedingt waren. So wurde z. B. der Fronhof zu Riehl, als er in geistlichen Händen war, zunächst auf Lebenszeit, später in Erbpacht vergeben.[1] In Gladbach und Umgegend war und blieb die Zeitpacht üblich, und zwar verpachtete man für gewöhnlich auf eine Zeitdauer von 6, 12 oder 24 Jahren.[2] Freilich blieb der Hof dennoch meistens in den Händen ein und derselben Familie, wenn nicht gegen den Pachtvertrag verstossen wurde.

Sehr verschiedener Art waren die Pachtbedingungen. Vor allen Dingen musste sich der Pächter bei Uebernahme eines Gutes verpflichten, neben gewissenhafter Zahlung der Pachtsumme den Hof und die Ländereien in wirtschaftlich brauchbarem Zustande zu erhalten.[3] Sicherlich hat der Grundherr auch nur Bauern, die ihm als tüchtig, zuverlässig und strebsam bekannt waren, auf seine Höfe gesetzt. Ueber die Art der Bewirtschaftung behielt sich der Verpächter Festsetzungen vor. Zum Zwecke der Düngung des Landes bezogen die Halfleute oder Pächter Mergel von der Maas.[4] Es wurde genau bestimmt, ein wie grosses Quantum ein jeder auf das Land seines Hofes verwenden musste.[5] Den grössten Teil der

---

[1] Annalen d. hist. V. f. d. Niedrh. I 303 ff. Urk. 1 und 2.
[2] Kopiar IV¹⁻⁵
[3] Annalen I 303 Urk. 1. . . . quod predictam curtem in suis munitionibus, aedificiis et agris meliorabo . . . Kopiar IV¹ fol. 154 u. a.
[4] Düsseldorf St. A. Urk. Nr. 169.
[5] Kopiar IV¹ fol. 92, 155 u. a.

Kosten bestritt dabei der Abt selbst. Er bezahlte allein den Mergel und unterzog sich auch meistens der Verpflichtung, ihn auf eigene Kosten holen zu lassen. Leistete der Pächter selbst eine Fuhre, so erhielt er dafür eine Vergütung in Gestalt des Futters für seine Pferde. Uebernahm er sämtliche Fuhren, so bekam er vom Abte für jedes Viertel Mergel, das er mitbrachte, 9 Sester Hafer zum Füttern.[1]

Wie das Land, so musste der Pächter auch die Gebäulichkeiten des Hofes in Stand halten. Er war verpflichtet, Reparaturen, wozu der Abt das Grobholz lieferte, selbst auszuführen, während Neubauten allein Sache des Klosters waren.[2]

Besondere Sorgfalt wurde bei der Verpachtung der Erhaltung des Waldes gewidmet. Um den Holzbestand nicht zu gefährden, regelten genaue Bestimmungen die Rechte, die ein jeder abteiliche Untertan an dem klösterlichen Walde, Kammerforst genannt, besass.[3] Die Pächter erhielten alljährlich einen oder mehrere Wagen Brennholz.[4] Ohne Unterschied wurden alle vom Abte mit einem Winterrock und Kogel, einer Kopfbedeckung, beschenkt.[5]

Traten Missernten ein, oder wurde die Saat durch Hagelschlag beschädigt, so konnten die Pächter auf Verminderung ihrer Abgaben Anspruch machen.[6] Auch sonst wurde jede Benachteiligung und Last, die nicht in den Pachtvertrag aufgenommen war, wie Beherbergung abteilicher Gäste oder des Abtes, vergütet.[7] Zur Pflicht wurde jedem Pächter bei Uebernahme des Gutes gemacht, nichts vom Hofe zu veräussern,[8] vielmehr die früher schon abgetrennten Stücke

---

[1] Kopiar IV¹ fol. 155.
[2] Ebenda fol. 89 ff.
[3] Vgl. des näheren Eckertz 67 ff.
[4] Kopiar IV¹ fol. 45 ff., 89 ff.
[5] Düsseldorf St. A. Urk. Nr. 102.
[6] Kopiar IV¹ fol. 45.
[7] Ebenda fol. 92.
[8] Annalen I 303 Urk. 1. Hoc salvo, quod nihil de bonis ipsius curtis abalienabo.

Land womöglich wiederzugewinnen.[1] War die Hälfte der Pachtzeit verstrichen, so konnte jeder Teil, wenn er den Vertrag nicht weiter als bindend ansehen wollte, kündigen.[2] Wurde die Pachtsumme nicht oder säumig bezahlt, so war das Gut dem Kloster verfallen, und der Pächter hatte sein Recht daran verloren.[3] Dass man mit dieser Bestimmung auch Ernst machte, ersehen wir aus den Pachtverträgen mit dem Mönche Gottfried Vlecke, der in seinem Uebermute sich um keine Verpflichtung gekümmert hatte, bis man über ihn die gebührliche Strafe verhängte.[4]

Die Abgaben mussten von den Pächtern auf eigene Kosten und Gefahr hin nach Gladbach in die Kornkammer der Abtei gebracht werden.[5] Der Hof zu Riehl dagegen lieferte an das abteiliche Haus in Köln.[6] Die gewöhnlichsten Zahltermine waren der Martins- und Remigiustag.

Neben den Abgaben hatten die meisten Halfleute auch persönliche Dienste zu leisten. Fast alle waren verpflichtet, Weinfuhren, gewöhnlich zwei, zu übernehmen.[7] Der Wein, der von Bocholtz über Köln nach Neuss gebracht wurde, musste in Neuss von den abteilichen Pächtern abgeholt werden. Auch kam es sogar vor, dass Halfleute sieben Tage im Jahre zu Dienst verpflichtet waren.[8] Der Pächter des Kühlenhofes hatte noch die Aufgabe, zweimal im Jahre mit Pferden und Wagen nach Venlo oder Roermond zu fahren, um von dort Salz und andere Nahrungsmittel für die Abtei

---

[1] Annalen 1 303 Urk. 2.
[2] Kopiar IV¹ fol. 89 u. a.
[3] Eckertz 296 Urk. 8. ... Also dat wir In einchem Jaire versumelich off bruchtich vonden wurden an betzahlongen ind lieverongen sulcher vurss. 24 malder Roggen au deille off zu maille, dot got verhoede, so sullen ind moegen asdan die vurss. Abt ind convent .. yre Hant slain ind keren an allsulche vurss. Vroenhoff.
[4] Kopiar IV¹ fol. 149 ff.
[5] Kopiar IV² fol. 40. Sie müssen ihre Abgaben »loss ledich leueren op unse Kornhuyss to Gladbach auff ihren Kost, Arbeit end Anxst.«
[6] Eckertz 296 Urk. 8. »Alle Jair in yre herberge fry loss ind ledigh up unsen Anxst ind Arbeit zu lieveren up sent Martyns dach.
[7] Kopiar IV² fol. 7 u. a.
[8] Ebenda fol. 7.

zu holen.[1] Zehrgeld und Futter für die Pferde wurde bei solchen Fahrten vom Abte geliefert.

Durchweg wurden das ganze Mittelalter hindurch die Abgaben in Naturalien, in Getreide und den verschiedensten Produkten der Landwirtschaft, wie Vieh, Eiern usw. entrichtet. Nebenher bezahlten auch einige Höfe eine bescheidene Summe Geldes. Jedoch fällt die Geldabgabe für das 15. Jahrhundert vollständig weg. Eine Ausnahme von dieser Regel zeigt uns die Verpachtung des Kühlenhofes im Jahre 1481. Statt der Getreideabgabe wurde hier nachweisbar zum ersten Male der Pachtkanon in Geld festgesetzt. Der Pächter sollte jährlich 67 oberländisch-rheinische Gulden zahlen.[1] Als Unterpfand für diese Summe diente der Ertrag an Feldfrüchten. Man hat es jedoch bei diesem einen Versuche gelassen, denn bei der nächsten Verpachtung griff man auf die allgemein üblichen Naturallieferungen wieder zurück. Letztere Art zu bezahlen war auf alle Fälle für die Bauern bequemer, denn bei dem noch wenig ausgebildeten Handel und Verkehr war es nicht allzu leicht, das überschüssige Getreide zu verkaufen.

Die Höhe der Pachtsumme ein und desselben Hofes ist in den einzelnen Jahrhunderten, wenn nicht erheblichen, so doch mannigfachen Schwankungen unterworfen gewesen. Folgende Beispiele werden uns dies am besten veranschaulichen. Der Kanonikus Friedrich von Medemen zahlte im 13. Jahrhundert vom Riehler Hofe als Jahrpacht 40 Malter Roggen und 9$^1/_2$ Mark.[2] Für das folgende Jahrhundert lassen uns zu einem Vergleiche die Nachrichten über Riehl im Stich, während sie mit dem Beginne des 15. Jahrhunderts wieder einsetzen. Im Jahre 1405 und 1437 wurde bei der Verpachtung eine Jahresabgabe von 24 Malter Roggen festgesetzt.[3] Dabei ist man auch in Zukunft infolge der Vererbpachtung des Hofes stehen geblieben. Wir sehen, dass hier

---

[1] Kopiar IV¹ fol. 261.
[2] Annalen I 303 Urk. 1. ... pro quadraginta malderis siliginis ... et pro novem marchis et dimidia.
[3] Annalen I 303 Urk. 2. Eckertz 296 Urk. 8.

ein ganz erheblicher Unterschied vorliegt. Während die Leistung an Getreide fast um die Hälfte vermindert wurde, fiel die Geldabgabe gänzlich weg. Uebrigens lässt sich aus den einzelnen Verpachtungen deutlich erkennen, dass die Höhe des Pachtkanons des 13. und aus dem Anfange des 14. Jahrhunderts allmählich gesunken ist und um die Wende des 14. Jahrhunderts allgemein niedriger steht als 100 Jahre früher, dann aber wieder bis zum Ausgang des Mittelalters steigt. Ein interessanteres Beispiel, das mehr die allgemeine Entwickelung widerspiegelt, bietet uns der Engelshof in Holt. Gottfried Vlecke bezahlte im Jahre 1335 an Pacht 27 Malter Roggen, 27 Malter Hafer und 6 Schilling an Geld. Ungefähr 100 Jahre später lieferte der Pächter 20 Malter Roggen, 20 Malter Hafer und 2 Schweine. Auch hier sehen wir, dass um diese Zeit die Pachtsumme niedriger bemessen war. Um 1500 waren die verschiedensten Abgaben hinzugekommen, auch war die Getreidelieferung wieder in die Höhe gegangen. Es wurden nämlich gefordert 22 Malter Roggen, 22 Malter Hafer, ferner $1/2$ Malter Erbsen, 12 Käse, 2 Butterwecken, 50 Eier, 1 Kalb, 1 Hammel, 1 Lamm, 2 Schweine und ein Wagen Stroh. Die Abgaben waren den Bedürfnissen des klösterlichen Haushaltes angepasst worden.

Aus obigen Angaben lässt sich ein Schluss ziehen auf den Wirtschaftsbetrieb der abteilichen Höfe. Von Getreidearten wurde am meisten angebaut Roggen und Hafer, und zwar in annähernd gleicher Menge. Weizen wird sehr selten bei den Abgaben der Hintersassen erwähnt. Er ist jedenfalls auch, wie Gerste, verhältnismässig nur wenig angebaut worden. Ziemlich ausgedehnt war der Flachsbau.

Neben der Bewirtschaftung des Landes betrieb man auf den meisten Höfen, die mit ihren Wiesen und Weiden sich vorzüglich dazu eigneten, eine intensive Viehzucht. An erster Stelle ist die Schafzucht zu erwähnen, dann folgt die Rinder- und Schweinezucht. In die Erträgnisse, die die Viehzucht abwarf, teilten sich für gewöhnlich Abt und Pächter. Den grössten Vorteil hatte bei diesem Betriebe natürlich die Abtei. Sie nahm den halben Ertrag ein, während dem

Pächter doch fast ausschliesslich Kosten und Mühe zufielen. Deshalb setzten bei einigen Pachtverträgen die Halfleute durch, dass ihnen in den ersten Jahren der Ertrag der Viehzucht allein zukommen sollte, und erst nach Ablauf einer bestimmten Frist auch der Abt seinen Teil verlangen durfte.[1] Bei anderen Höfen wurde der Abt ausdrücklich verpflichtet, in den ersten Pachtjahren keine Viehzucht zu treiben. Jedoch erhielt er dafür das Recht, einige Rinder auf dem Hofe in Futter zu halten, von denen er den alleinigen Nutzen haben sollte.[2] Die an die Abtei zu liefernden Schweine mussten »von den besten« sein und mit den Schweinen des Pächters im selbigen Stall gemästet werden.[3] Gewöhnlich wurden für den Abt vier bestimmt. Auf einzelnen Höfen musste man auch einen Stier halten. Zur Bestellung der Aecker und zu Fuhren benutzten die Halfleute allgemein Pferde. Selbst die Laten bebauten ihr Land, wenn die Verhältnisse es gestatteten, mit Pferden.[4] Bei kleineren Betrieben wird man sich mit einer Arbeitskuh oder mit einem Ochsen begnügt haben.

Mit Auflösung der Fronhofverfassung war in der lokalen Güterverwaltung eine wesentliche Aenderung eingetreten. Die Laten, die früher kaum mit der Zentralverwaltung zu Gladbach in Berührung gekommen waren, und deren wirtschaftliche und rechtliche Angelegenheiten, wie Besitzwechsel, Vererbung der Güter bei Todesfall und Zahlen der pflichtigen Abgaben, ausschliesslich vom Fronhof aus geregelt worden waren, traten nunmehr in unmittelbare Beziehung zur Abtei, wie es bei den Ländereien, die Freie in Erbpacht genommen, stets der Fall gewesen war. Vor dem Abte, in seiner Abwesenheit vor dem Prior oder Kellner, und dem Schultheiss übernahm bei Todesfall eines hörigen Bauern sein Nach-

---

[1] Kopiar IV¹ fol. 45 ff.
[2] Ebenda fol. 89 ff. Jedenfalls wurde die Abtei auf diesem Wege mit den täglichen Bedarfsartikeln, wie Milch, Butter, Eiern, Käse usw. versorgt.
[3] Ebenda fol. 45 ff.
[4] Akten Nr. 23 b, Kurmudsbuch.

folger, sei es Frau oder Kinder, das hörige Gut gegen vorherige Leistung des Besthaupts.[1]

Der Abt hatte also jetzt die Vergabung der Güter selbst in die Hand genommen. Man kann sich denken, dass die Bauern bei einer solchen Einrichtung, die den früheren Druck und die strenge Aufsicht eines Meiers vermissen liess und ihren Wirtschaftsbetrieb weit unabhängiger gestaltete, versucht haben, ihre Pflicht zu umgehen, indem sie den Tod des bisherigen Inhabers und den Besitzwechsel, so gut es ging, vor dem Grundherrn und seinen Beamten geheim hielten und womöglich auch ihre Zinsen nicht bezahlten. In der Tat ist es schon vorgekommen, dass erst nach mehreren Jahren der Abt von dem Ableben eines Laten, dessen Gut von dem Nachfolger nicht getätigt worden war, Kunde erhielt und seine gerechte Forderung, aber jetzt in verschärftem Massstabe, geltend machen konnte.[2]

Dieser Gefahr, durch unlautere Mittel der Bauern allmählich um einen beträchtlichen Teil der Einnahmen und des Grundbesitzes zu kommen, wurde durch die Einrichtung des Botendienstes vorgebeugt. Die Boten werden im allgemeinen die Aufgabe gehabt haben, die Zinsen der Laten zu sammeln und die Nachfolger eines verstorbenen Hofinhabers, wenn sie die vorgeschriebene Zeit hatten verstreichen lassen, aufzufordern, von neuem vom Abte das Gut zu übernehmen.

Die Zins- und Kurmudsgüter im Gebiete von Geldern und Kleve, die vermutlich nie zu einem Fronhof gehört haben, werden gewiss durch einen vom Abte beauftragten Boten oder Prokurator, der Kurmede und Zins zu erheben hatte, zu der Zentralverwaltung in Beziehung getreten sein.[3]

Dass ein jeder Late in eigener Person alljährlich seinen Grundzins in der Abtei ablieferte, ist nicht anzunehmen. Aus praktischen Gründen wird man lokale Hebestellen, an die der hörige Bauer seine Abgaben bei Anwesenheit der grundherrlichen Boten entrichtete, eingeführt haben. Nach-

---
[1] Akten Nr. 23 b.
[2] Akten Nr. 23 b. fol. 425.
[3] Düsseldorf St. A. Urk. 224.

richten über solche Einrichtungen mittelalterlichen Datums fehlen uns zwar, jedoch können wir Rückschlüsse aus jüngeren Aufzeichnungen auf die Zeit des Mittelalters ziehen.[1] Danach gab es für das Gebiet von Gladbach und Hardt drei Hebestellen. In Gladbach selbst hatte man zu diesem Zwecke ein Haus bestimmt, Dunkhaus, am Kirchhof gelegen. In Hardt behielt der Kühlenhof die Eigenschaft des Zahlungsortes bei, obschon er die Bedeutung eines Fronhofes verloren hatte. Ausserdem war dort noch Piperloch oder Pimpersloch, wie in den Quellen zu lesen ist, als Zahlstätte bestimmt worden. Wahrscheinlich werden hier die Hörigen von Hehler und den in der Nähe gelegenen Bauerschaften ihren Zins haben zahlen müssen, während die von Hardt, Vorst und Winkeln an Kühlenhof verwiesen waren. Die Boten werden weiter dafür gesorgt haben, dass die Abgaben in den Besitz des Grundherrn gelangten. Pächter von solchen Landparzellen, die früher aus dem Sallande eines Fronhofes ausgeschieden waren, zahlten auch später noch, da den Grundstücken der alte Charakter des Sallandes verblieb,[2] an den Hof weiter.[3]

c. Bevor wir die Betrachtungen über die lokale Güterverwaltung beschliessen, haben wir noch kurz der Güter zu gedenken, an denen die Abtei ihre Rechte bis auf einen Bruchteil verloren hatte, nämlich der Lehen. Während von den besprochenen Besitzungen und Rechten, besonders seit dem 14. Jahrhundert durch die Neueinrichtung der örtlichen Verwaltung Reichtümer — ich erinnere noch einmal an die

---

[1] Kopiar 3 fol. 29. Geschrieben im Jahre 1666. In diesem Manuskripte werden uns die rechtlichen Verhältnisse und Zustände der Abtei und ihres Gebietes, wie schon erwähnt, von den Anfängen bis zu den Zeiten des Schreibers, natürlich nach seiner Auffassung und vor allen Dingen zu Gunsten des Klosters, auseinandergesetzt. Er hat zu diesem Zwecke die ältesten Aufzeichnungen und Register, die uns nicht mehr zur Verfügung stehen, benutzen können. Gerade bei dem Berichte über die Hebestellen betont er ausdrücklich, dass sie von altersher, wie Zinsregister aufweisen, bestanden hätten. Jedenfalls reichen sie weit zurück in die Vergangenheit, ja bis in das Mittelalter, und sind aller Voraussicht nach gleich bei Auflösung des Fronhofsystems geschaffen worden.

[2] Lamprecht I² 746.

[3] Düsseldorf St. A. Urk. Nr. 111.

grossen Hofbetriebe, an die Mühlen, die gleich den Höfen verpachtet wurden, an die Latengüter, an Ländereien, Gärten und Häuser und an die Zehnten — in den klösterlichen Räumen zusammenströmten, brachten die Lehen, die im Gegensatz zu dem anderen Besitze wirtschaftlich unabhängig waren, dem Grundherrn nur sehr geringe Vorteile.

Die Behauptung des Mönches, der über die Rechtsverhältnisse des Klosters berichtet hat,[1] dass der Grundherr die Lehen aus freien Stücken vergeben habe, kann nur zum Teil zutreffen.[2] Es ist nämlich nicht anzunehmen, dass die Aebte allmählich eine so stattliche Zahl von keineswegs unansehnlichen Gütern freiwillig dahingaben. Wir können am Ausgang des Mittelalters über die 70 Lehengüter Gladbachs nachweisen, darunter finden sich solche von 60—100 Morgen, ja sogar von vier Hufen,[3] während die kleineren durchschnittlich 20—30 Morgen Ackerland umfassten. Jedenfalls ist ein beträchtlicher Teil der ehemaligen Fronhöfe, als sie von ministerialischen Meiern verwaltet wurden, im Lehensverbande aufgegangen.[4] Der Hof Bekhusen,[5] später Knopshof, der zweifellos diesem Schicksal anheimfiel — er befand sich im Besitze der Edlen von Bekhusen —, wie der Raherhof[6] und der Ryerhof im Harterbroich,[7] die ebenfalls beide als Lehen in adeligen Händen waren, wurden, um der Abtei wieder von Nutzen zu sein, von neuem durch Kauf oder Vergleich zurückerworben. Gewiss hat auch ein Teil der ehemaligen Salhöfe dazu dienen müssen, die ministerialischen Meier für

---

[1] Vgl. S. 54 Anm. 1.
[2] Kopiar 3 fol. 16.
[3] Akten Nr. 22 fol. 623.
[4] Das Eindringen des Lehnswesens in die Villikationsverfassung lässt sich bei anderen geistlichen Grundherrschaften, wie z. B. bei Werden und Vreden deutlich verfolgen.
[5] Ropertz 241 Urk. 38. ... ad usus abbatis et conventus monasterii einsdem curtem dictam Bechusen et feodali titulo ad abbatem et conventum predictos spectantem.
[6] Ebenda 284 Urk. 63. ... die mans leene is eins Abds van Gladbach.
[7] Ebenda 113. Der Ryer- oder Beekerhof wurde mit 250 Mark im Jahre 1337 von der Abtei zurückgekauft.

ihre Tätigkeit als Verwalter der Fronhöfe auf dem Wege des Benefiziums zu besolden.[1] Nach Verdrängung der Ministerialen aus ihren Aemtern sind diese wahrscheinlich im Genuss ihrer Benefizien geblieben, obschon ihr Dienstverhältnis zum Grundherrn weiter zu bestehen aufgehört hatte.

Zwischen den abteilichen Lehen bestand ein wesentlicher Unterschied. Neben einer grossen Zahl von sogenannten Mannlehen[2] gab es im Territorium Gladbach auch vier Ritterlehen, nämlich den Ickelhofer-, Brandenberger-, Buscher- und Ahlerhof, die infolge ihres ritterlichen Charakters weder Zins noch Dienst zu leisten hatten, aber wie alle anderen Lehen vom Herrn unter Leistung des Lehnseides gemutet werden mussten.[3] Die grösste Wahrscheinlichkeit wird die Annahme für sich haben, dass schon in den Anfängen der klösterlichen Grundherrschaft diese vier Höfe als Dienstgut an die vornehmsten Vertreter des Hofstaates — es sind die Träger der vier angesehenen Aemter des Truchsesses, Mundschenken, Marschalls und Kämmerers —, womit sich der Abt, wollte er seine Würde nach aussen hin wahren, umgeben musste, verliehen worden sind. Noch im 12. Jahrhundert kommt ein dapifer,[4] Truchsess, und ein pincerna,[5] Schenk, als Zeuge bei Rechtsgeschäften vor, ein Beweis, dass auch der Abt zu Gladbach sich diesen höfischen Prunk erlaubt hat. Im Laufe der Zeit, als die Lehen erblich, und die Ministerialen ihren früheren hörigen Charakter vollständig abgestreift hatten und zu Rittern geworden waren, werden auch diese Dienstgüter die Umgestaltung zu freien Ritterlehen erfahren haben. Ein ähnliches Ansehen und gleiche Bedeutung hatten sich noch sechs andere Lehen, die gewöhnlich nur an den Adel vergeben werden durften und sich Ritterlehen nannten, allmählich zu verschaffen gewusst.[6] Es

---

[1] Vgl. Lamprecht I[2] 771 ff.
[2] Akten Nr. 22 fol. 17 u. a. m.
[3] Ebenda fol. 25 ff., fol. 117 ff., fol. 169 ff, fol. 837 ff.
[4] Eckertz 28.
[5] Ropertz 192 Urk. 7.
[6] Man ist bei der Verleihung dieser Güter nicht immer konsequent gewesen. Auch vergab man schon ein solches Lehen an einen Nicht-

war der Abelshof zu Kempen, der Brempter-, Duiker-, Dollen- oder Kluppeler- und Hoverhof zu Oedt und der Zevershof zu Rasseln bei Hardt.[1] Wahrscheinlich sind diese sechs Höfe den Bestrebungen der Ministerialen, selbständige Grundherren zu werden, zum Opfer gefallen.

Die grösste Mehrzahl aller Lehen bildeten die gemeinen Mannlehen oder auch Bauernlehen, wie sie im Gegensatz zu den Ritterlehen benannt werden können. Wir sind wohl kaum berechtigt, diese ganze Masse von Gütern als echte Lehen anzusprechen, vielmehr hat vielen die Form der Uebertragung, die nach Lehensbrauch vorgenommen wurde,[2] den Namen gegeben. In Wirklichkeit sind sie, wenigstens zum grossen Teil, gewöhnliche Zinsgüter, ja sogar Latengüter gewesen, die im Laufe der Zeit infolge der Uebertragung und der Verpflichtungen, die ihre Inhaber gleich den anderen Lehnsleuten übernahmen, ebenfalls zu Lehen geworden sind. Nach Auflösung der Fronhofverfassung, wodurch die strenge Verwaltung eines Meiers sich in eine freiere umwandelte, war eine solche Veränderung zumal bei einer geistlichen Grundherrschaft, die so oft ihre Besitzer wechselte, wohl denkbar. Noch um die Wende des 15. Jahrhunderts haben wir Kurmudsgüter, die in den Lehnsverband aufgenommen waren oder wie Lehen mit Huldigung und Eid vergeben wurden, aber die Kurmede weiter leisten mussten.[3] Die Zersplitterung und Aufteilung grosser Güter, die schon den Lehnscharakter angenommen hatten, mag ebenfalls dazu beigetragen haben, die Lehen zu vermehren. Wie bei den Kurmudsgütern, so

---

adeligen, weil dem Abte, wie er sich ausdrückt, nicht allzeit daran gelegen sei, einen rittermässigen Mann zu bestellen. Akten Nr. 22 fol. 1.

[1] Akten Nr. 22 fol. 1, 57, 141, 209, 441, 889. Der Zevershof im Kirchspiel Hardt war noch als abteiliches Lehen im 18. Jahrhundert im Besitze der freiherrlichen Familie von Spee (Düsseldorf St. A. Urk. Nr. 294). Er hat sich bis auf den heutigen Tag erhalten und ist der Familie Winands-Bönniger eigentümlich.

[2] Ueber die Zeremonien bei der Belehnung und den Lehnseid vgl. Eckertz 29.

[3] Akten Nr. 22 fol. 157, 295. Akten Nr. 23 b fol. 1533 ff.

wurden auch die Lehen »gesplissen«, wurden aus grossen Betrieben wirtschaftliche Kleinbetriebe gemacht.[1] Bei den Ritterlehen war es allerdings nicht gestattet.[2]

Die Erblichkeit der Lehen war im 15. Jahrhundert überall durchgedrungen, selbst die Vererbung in weiblicher Linie.[3] Auch hatten die Lehensträger das Recht, ihre Güter mit Einwilligung des Abtes an einen Dritten zu veräussern.[4] Alle Lehensleute, ob Ritter oder Bauern, waren verpflichtet, vom Abte als Lehnsherrn das Gut gegen Zahlung des Heergewedde[5] zu empfangen.[6] Starb der Inhaber, oder wollte er das Lehen nicht weiter bewirtschaften, so musste sich sein Nachfolger von neuem unter ähnlichen Bedingungen belehnen lassen. Bei dem feierlichen Akte der Belehnung mussten auch der Schultheiss, als Lehnstatthalter, und einige Lehnsleute zugegen sein. Sie wurden für ihre Mühe vom Belehnten entsprechend mit Wein beschenkt.[6] Für das »servitium personale« der Lehnträger, wovon die Mönche später redeten,[7] gibt es keine urkundlichen Belege. Jedenfalls ist die persönliche Dienstleistung in den letzten Jahrhunderten des Mittelalters kaum oder nur vereinzelt vorgekommen.[8]

---

[1] Akten Nr. 22 fol. 1, 17, 289, 325, 425, 570, 603.
[2] Ebenda fol. 445.
[3] Ebenda fol. 169.
[4] Ebenda fol. 209.
[5] Heergewedde ist ursprünglich die Ausrüstung des Kriegers, die der Lehnsherr hergab und beim Tode desselben zurücknahm, oder der älteste Sohn beanspruchte. Lübben, Mittelhochdeutsches Wörterbuch.
[6] Akten Nr. 22 fol. 1.
[7] Kopiar 3 fol. 16.
[8] Ueber die persönlichen Verpflichtungen der Lehnsträger in Gladbach vgl. Eckertz 28 ff.

Zweites Kapitel.

◊ ◊

Die Zentralverwaltung der Abtei.

Ihre Hauptaufgabe musste die Zentralverwaltung der abteilichen Grundherrschaft in dem Bestreben erblicken, die Einkünfte, die in verschiedener Art und Form aus den klösterlichen Besitzungen durch die Lokalverwaltung dem Grundherrn zugeführt wurden, ihrer Bestimmung gemäss zu ordnen und zur Deckung des jeweiligen Bedarfes zu verwenden. Zu diesem Zwecke standen dem Grundherrn einige Beamte als Gehilfen zur Seite, denen nebenher noch die verschiedensten Geschäfte an der Zentrale erwuchsen, und die neben dem Abte auch die Kontrolle der Lokalverwaltung und Bewirtschaftung der Güter, die von der Zentrale als oberster Verwaltungsinstanz erfolgte, ausübten. Von der Zentralverwaltung hing zum grossen Teil der Fortbestand der ganzen Grundherrschaft ab. War sie gesund und lebenskräftig, so vermochte sie die ganze Einrichtung, Lokalverwaltung und Beamtentum mit ihrem Geiste und ihren Ideen zu durchdringen und etwaige Hemmnisse und Schwierigkeiten ohne jede Nachwirkung zu beseitigen.

a. In Gladbach hat sich die in den Anfängen eingerichtete Zentralverwaltung, die sich möglichst den Idealen einer klösterlichen Genossenschaft anpasste, ohne wesentliche Abänderungen erhalten, und so war sie imstande, einer Verknöcherung, ja einer schliesslichen Auflösung der Grundherrschaft vorzubeugen. Nach der Regel des Ordensstifters war in Gladbach das Klostergut gemeinsam und wurde auch einheitlich von der Zentrale aus verwaltet. Das Bedürfnis einer Teilung zwischen Abts- und Konventsgut ist bei den Mitgliedern der Genossenschaft Gladbachs kaum wach geworden. Sie lebten bis ins 13. Jahrhundert in strenger Zucht und ordneten sich dem Abte als Vorsteher gehorsamst unter. Es blieb daher eine Scheidung der Güter, die für den Abt und Konvent den nötigen Lebensunterhalt abwarfen, zwecklos.

Bis zum Ausgang des 13. Jahrhunderts haben sich diese Zustände erhalten können. Erst um diese Zeit sahen sich die Brüder genötigt, durch einen Vertrag mit dem Abte sich ihren Lebensunterhalt zu sichern, indem man die Einkünfte zwischen Abt und Konvent teilte, jedoch die althergebrachte einheitliche Verwaltung weiter bestehen liess. Weshalb man zu dieser Neuerung schritt, können wir nur vermuten. Die Lebensansprüche der damaligen Klosterinsassen wurden grösser, das ganze Leben gestaltete sich üppiger, die Abtsmensa erforderte einen grösseren Teil der Einkünfte als früher. Daher verlangte schliesslich der Konvent die Teilung. Vielleicht liefen auch die Einkünfte zu damaliger Zeit, in die der Bruch mit dem alten lokalen Verwaltungssystem fällt, unregelmässig oder von den Höfen, die in die Hände ministerialischer Meier geraten waren, garnicht ein.

Auch machen sich um diese Zeit die ersten Symptome des inneren Verfalles bemerkbar, die dank den Reformbestrebungen, die bald einsetzten und in der Bursfelder Kongregation, der sich auch Gladbach anschloss, ihren Abschluss fanden, nicht zu unheilbaren Schäden auswuchsen. Im 15. Jahrhundert, ehe der wirkliche Anschluss an die Reform vollzogen war, kommt schon vereinzelt die Bezeichnung Kapitelsherren statt Konvent vor,[1] kurz Gladbach schien, wie es bei vielen anderen Klöstern schon längst geschehen war, zu einer Versorgungsanstalt jüngerer Söhne des Adels auszuarten.[2] Die meisten Insassen gehörten auch damals dem Adel an. Da

---

[1] Akten Nr. 22 fol. 1.
[2] Vgl. Koetzschke, Studien 128.

setzten aber rechtzeitig die Reformbestrebungen ein und hauchten den alten Formen der inneren Verwaltung neues Leben ein. Abgesehen von der erwähnten Neuerung in zentralen Verwaltungssachen, die im allgemeinen keine einschneidende Aenderung mit sich brachte und die alten Formen der Grundherrschaft zu ihrem Heile weiter bestehen liess, hat sich die Zentralverwaltung als brauchbare Einrichtung durch Jahrhunderte erhalten.

An der Spitze der ganzen Verwaltung stand der vom Konvent gewählte Abt.[1] Er hatte das oberste Verfügungsrecht über das klösterliche Vermögen und die inneren Einrichtungen. Durch ihn kamen die Beschlüsse zur Ausführung. In seinen Händen liefen die Fäden der ganzen Verwaltungsmaschine zusammen. Gebunden war er in der Ausübung seiner Macht nur an den Konsens des Konventes, jedoch in einer solchen Form, dass seine im allgemeinen unabhängige Stellung einer grossen Beschränkung unterworfen war. Dem Abte stand der Konvent beratend zur Seite, dem bei allen wichtigen Massnahmen, die innere und äussere Zustände des Klosters betrafen, rechtlich gleichsam ein unbedingtes Veto zuerkannt war. Trotz dieser Gebundenheit hat es Aebte gegeben, die frei und unabhängig über Klostergut verfügt und sich dabei um den Konvent wenig gekümmert haben, die vielmehr ihre Machtstellung als völlig unabhängig auffassten.[2] Infolgedessen sah man sich bei Schenkungen an das Kloster öfters gezwungen, die ausdrückliche Bestimmung zu treffen, dass dem Abte nur mit Einwilligung des Konventes das Recht zustehe, von den geschenkten Gütern zu veräussern oder zu verleihen.[3] Im allgemeinen aber hat es der Konvent verstanden, sein Recht neben dem der Aebte zu wahren. Diese wieder versuchten kaum, die Rechte des Konventes zu schmälern. Alle wichtigen Rechtsgeschäfte wurden daher gemeinsam von Abt

---

[1] Vgl. Koetzschke, Studien 119. Brons, Vreden 89.
[2] Ropertz 184 Urk. 2.
[3] Ebenda 183 Urk. 1. . . . nec ex ea quicquam aliud agi vel in beneficium cuiquam tradi ab abbate presumatur. Hec ergo qui transgredi vel mutare nisi ex fratrum consensu presumpserit, anathema sit.

und Konvent vorgenommen, Veräusserung und Verpfändung von Gütern, Verleihung und Verpachtung war gemeinsame Angelegenheit. Nur selten wird in den Urkunden der Zustimmung oder der Mitwirkung des Konventes nicht gedacht. Häufig stellte sogar der Konvent, der im Besitze eines eigenen Siegels war, die Urkunden in Gemeinschaft mit dem Abte aus.[1] Schenkungen von Höfen und grösseren Gütern gingen regelmässig an den Abt und den Konvent. Vergleiche wegen Klostergut wurden mit beiden Teilen abgeschlossen, und Neuerwerbungen von Höfen wurde als eine gemeinsame Angelegenheit behandelt.[2]

Selbstverständlich war es den Aebten nicht verwehrt, eigenes Gut zu besitzen oder mit den Ueberschüssen ihrer Einkünfte zu erwerben und den Ertrag ausschliesslich für den eigenen Lebensunterhalt zu verwenden.[3] Mit dem Tode des Abtes oder durch einen früheren Schenkungsakt gingen diese Güter jedoch regelmässig in den Klosterbesitz über. Einen wesentlichen Unterschied in der Stellung des Abtes und Konventes zur inneren und äusseren Verwaltung lässt sich in den einzelnen Jahrhunderten nicht feststellen, weil das Klostergut nach wie vor der Teilung der Einkünfte gemeinsam und einheitlich war und blieb.

Seine Haupttätigkeit verwandte der Abt auf die äussere Verwaltung.[4] Die inneren Angelegenheiten liess er durch den Prior, der durch ihn ernannt und an die Spitze des Konventes gestellt wurde, ordnen und leiten. Der Prior hatte für die guten Sitten im Kloster und für den Lebensunterhalt der Brüder Sorge zu tragen.[5] Durch den Abt wurden die Meier in der Verwaltung der Güter kontrolliert, die Lehnsleute mit Klostergut belehnt, die Laten mit den abhängigen Hufen

---

[1] Ropertz 268 Urk. 54 u. a.
[2] Ebenda 241 Urk. 38, 278 Urk. 59, 285 Urk. 64.
[3] Ebenda 195 Urk. 9, 201 Urk. 13, 215 Urk. 23.
[4] Ebenda 290 Urk. 67.
[5] Ebenda 195 Urk. 9, 216 Urk. 25. Vgl. Meister, Grundriss II⁴ 64. Koetzschke, Studien 125; Brons, Vreden 89.

behandigt, und durch ihn kamen Pachtverträge zustande.[1] Für den Fall seiner Abwesenheit liess er sich vom Prior oder Kellner vertreten.

Dem Abte zur Seite standen als Gehilfen in der Verwaltung der Güter und Einkünfte Kellner und Kamerarius, die ebenfalls durch ihn erwählt wurden. Die Stellung des Kellners war nach der des Abtes und Priors die wichtigste und angesehenste im Kloster. Vor allen Dingen hatte er das Rechnungswesen in Händen. Er hatte insbesondere Einnahmen und Ausgaben zu buchen und alle Geldangelegenheiten zu ordnen. So zahlte er bei Neuerwerbungen von Höfen und Gütern dem Verkäufer aus der gemeinsamen Klosterkasse den Kaufpreis aus,[2] und so wird er auch andererseits einkassiert haben. Wahrscheinlich hat der Abt ihn auch ab und zu in der Kontrolle der Lokalverwaltung, wenn seine eigene Arbeitsleistung nicht ausreichte, beschäftigt, wie denn auch eine solche Tätigkeit vom Kamerarius urkundlich beglaubigt ist.[3] Abt und Kamerarius werden jedenfalls, der erstere in der nächsten Umgebung des Klosters, der andere in den weiter entfernt liegenden Gegenden, worin das Stift begütert war, die abteilichen Gebiete bereist haben, um die Bewirtschaftung des klösterlichen Grundbesitzes an Ort und Stelle zu überwachen.

Ausschliesslich an der Zentralverwaltung selbst waren die Inhaber anderer Aemter beschäftigt, wie der Küster, Hospitalarius, Infirmarius und der Rektor der Schule. Aufgabe des Küsters war die Bewachung der Kirche, ihrer Gerätschaften und Kostbarkeiten. Er hatte die Vorbereitung zum Gottesdienst zu treffen und für die Beleuchtung von Kirche und Altar zu sorgen. Alle Wachszinsen waren auch deshalb in die Kustodie zu liefern. Statt Kustos kommt auch vereinzelt

---

[1] Akten Nr. 23 b fol. 1 ff. Akten Nr. 22 fol. 1 ff. Kopiar 4 Bd. 1—6.
[2] Ropertz 194 Urk. 8.
[3] Düsseldorf St. A. Urk. Nr. 21. ... exconsono et unanimi consilio nostrae congregationis, ut camerarius noster ad bona trans Rhenum sita a nobis reempta ad sui officii administrationem respectum habeat, veluti ante venditionen ad ea respectum noscebatur habere.

die Bezeichnung Thesaurar vor, die auf die Pflicht des Küsters, für die kostbaren Paramente und Messgeräte zu sorgen, hinweist.[1]

Das Amt eines Hospitalarius kommt urkundlich zuerst im Jahre 1231 vor, wo ein Hospitalarius als Zeuge auftritt.[2] Er hatte das Hospital, worin durchreisende Armen verpflegt und beköstigt wurden, zu verwalten und im allgemeinen die Verpflegung der Gladbacher Armen zu leiten. Die Mittel zum Unterhalt des Hospitalshauses und zur Armenpflege lieferte der Engelshof zu Holt, dessen Einkünfte vom jeweiligen Pächter oder Verwalter in das granarium oder Kornhaus der Abtei, eine gemeinsame Kasse, woran die Meier ihre Abgaben zahlten[3], abgeliefert, dann durch den Abt oder durch seinen Kommissar, d. h. den Hospitalarius, für die Armen verwandt wurden.[3]

Der Infirmarius musste, wie sein Name schon andeutet, die Kranken des Klosters verpflegen, wofür unter dem Abte Wilhelm von Oranien im Jahre 1340 die Wohnung des Priors als Krankenhaus eingerichtet worden war, weil bis zu dieser Zeit die erkrankten Brüder im Dorfe in Privathäusern ein ungenügendes Unterkommen gefunden hatten.[4] Der Rektor hatte den Unterricht in der Klosterschule zu leiten und selbst zu erteilen.

Die Inhaber der Aemter oder Offizien wurden für ihre Mühewaltung durch kleinere Lieferungen aus Höfen und Hufen, die allerdings hauptsächlich dazu dienen sollten, die Kosten zu bestreiten, die die Ausübung eines solchen Amtes erforderte, vielleicht einigermassen entschädigt.[5] Sondergut, das vom jeweiligen Träger eines dieser Aemter getrennt verwaltet wurde, gab es und konnte es bei der gemeinsamen Verwaltung des Grundbesitzes nicht geben.

---

[1] Düsseldorf St. A. Urk. Nr. 74.
[2] Ropertz 203 Urk. 15.
[3] Ropertz 256 Urk. 48. . . . per ipsum dominum abbatem ant suum commissarium in usus pauperum convertendum.
[4] Ebenda 265 Urk. 52.
[5] Düsseldorf St. A. Urk. Nr. 74. Akten Nr. 12 q.

Die Uebertragung sämtlicher Offizien gehörte bis zur Teilung der Einkünfte am Ausgange des 13. Jahrhunderts zu den alleinigen Rechten des Abtes. Bei dieser Gelegenheit setzte es der Konvent durch, dass ihm von den Befugnissen des Abtes ein Teil abgetreten wurde.

Zu einer Teilung zwischen Abts- und Konventsgut ist man in Gladbach, wie schon gesagt, nicht geschritten. Auch hat sich eine solche Scheidung und zugleich getrennte Verwaltung nach der Sonderung der Einkünfte zwischen Abt und Konvent, die erst im Jahre 1292 stattfand und 1315 endgültig geregelt wurde, nicht entwickelt.[1] Demnach ist die Scheidung der Einkünfte besonders für die innere Verwaltung von Wichtigkeit gewesen, weil mit ihr Aenderungen eintraten und Einrichtungen geschaffen wurden, die man früher nicht gekannt hatte. Der Anstoss zu dieser Neuerung ging natürlich vom Konvente aus. Das Hauptmotiv, das die Mönche dabei leitete, ist das Bestreben gewesen, sich einen gesicherten Lebensunterhalt zu verschaffen.

b) Als im Jahre 1292 die Aebte von Siegburg, Brauweiler und St. Pantaleon zu Köln im Gladbacher Kloster weilten, um eine Visitation vorzunehmen, kam es zur ersten Konvention zwischen Abt und Konvent.

Der vierte Teil der Einkünfte, den die genannten Aebte provisorisch auf 100 Malter Roggen, 122 Malter Hafer und 25 Mark schätzten, wurde zunächst für die Abtsmensa bestimmt. Ein anderes Viertel sollte als Reservefonds unter gemeinsamer Aufsicht aufbewahrt werden, um Ausgaben, die man nicht vorhersehen konnte, damit zu bestreiten. Sollte es nicht nötig werden, den Reservefonds anzugreifen, so sei er sonstwie zum Wohle des Gotteshauses nach gemeinsamer Einwilligung zu verwenden. Die beiden letzten Viertel fielen also dem Konvente zu. Von diesem Teile bezog der Abt, wie jeder andere Klosterbruder, noch eine einfache Mönchspräbende. Die Gefälle, die von den Lehnsleuten eingingen, wurden sämtlich dem Abte zugewiesen, ferner der kleine Zehent aller Ländereien mit Ausnahme der in Kempen und

---

[1] Ropertz 225 Urk. 31, 235 Urk. 36.

Oedt, wovon ihn der Konvent beziehen sollte. Die Einkünfte verschiedener Offizien, wie die des Kamerarius, Infirmarius, der Caritas und die Einkünfte der Pfarrkirche zu Gladbach sollten nach Herkommen gleichmässig verteilt werden. Dem Abte fiel der gleiche Teil zu, wie jedem Konventsmitgliede. Die Fischgerechtsame, ausser im Teiche an der Scherremühle, wurde dem Abte zugesprochen. Ferner sollte er aus dem Kammerforste das nötige Brennholz für Küche und Kemenate erhalten, während der Rest für die gemeinsame Küche, Bäckerei und Brauerei an den Konvent gelangte. Alle Brüder konnten noch auf Allerheiligen, Weihnachten und Fastnacht Anspruch auf einen Wagen Brennholz für ihre Zellen erheben. Selbständig Schulden aufzunehmen, war Abt und Konvent verboten. Auch durfte keiner binnen sechs Jahren vom Walde etwas veräussern.

Der Dammerhof mit den zugehörigen Ländereien und der kleine Zehent in Gladbach sollten in erster Linie dazu dienen, die für den Abt bestimmten Malter Getreide aufzubringen, während der Kühlenhof 15 Mark, die Güter in Solingen $9^1/_2$ Mark und der Gladbacher Fleischmarkt 6 Solidi an Geld lieferten. Auf die Gefälle der Güter in Kempen und Oedt hatte der Konvent das erste Anrecht.

Infolge dieser Bestimmung könnte man versucht werden anzunehmen, dass man dennoch zu einer Aufteilung der Güter selbst gekommen, wenigstens nicht weit davon entfernt gewesen sei. Dem ist jedoch die Tatsache entgegenzuhalten, dass auch nach dieser Zeit die Pächter sämtlicher Höfe ihre Abgaben in die gemeinsame Kasse, das granarium oder Kornhaus, abzuliefern hatten, und für die Pächter des Kühlen- und Dammerhofes oder der Güter in Kempen und Oedt keine besondere Bestimmung getroffen wurde, und dass auch in der Verwaltung dieser Güter eine Aenderung nicht eintrat. Wir können sogar kaum glauben, dass für gewöhnlich genau nach den Worten der Urkunde vorgegangen wurde, vielmehr hat man aus Vorsicht dem Abte wie dem Konvente bestimmte Gefälle besonders zugewiesen, um Streitigkeiten über Rechtsansprüche an den klösterlichen Einkünften vorzubeugen. Im allgemeinen wird es dem Abte und auch dem Konvente ganz gleichgültig gewesen sein, aus welchen Höfen das Getreide oder Geld stammte, das zu ihren Einkünften verwandt wurde.

Im Jahre 1315 wurde dieses Uebereinkommen mit einigen Abänderungen und Ergänzungen erneuert.[1] Vor allen Dingen wurden zunächst 120 Malter Roggen, 125 Malter Hafer und 25 Mark als Reservefonds für unberechnete und unvorhergesehene Ausgaben zurückgelegt.[2] Sollte dieser Fonds unter Umständen nicht ausreichen, so waren Abt und Konvent verpflichtet, das Fehlende von ihrem Einkommen zu ergänzen. Der Abt musste den dritten Teil des Fehlbetrages, der Konvent zwei Drittel beisteuern.[3] Von den übrigen Einkünften des Klosters wurde dem Abte der dritte Teil zugewiesen und einige Zehnten und kleinere Gefälle vorbehalten, während alles andere dem Konvente zufiel.

Bei dieser Gelegenheit wurde die Zahl der Präbendenstellen auf 25 festgesetzt. Nur 25 Mitglieder des Konventes hatten also ein Anrecht an den Einnahmen, die unmittelbar für den Konvent bestimmt waren. Waren mehr als 25 vorhanden, so erhielten diese ihren Lebensunterhalt aus dem Reservefonds.[4] Weiter wurden aus dieser Kasse die Inhaber der niederen Klosterämter besoldet, wie der Glöckner, ein Gehilfe des Küsters, der Pförtner, Koch, Gärtner, Barbier, Bäcker, Brauer, so auch der Rektor der Schule und andere,

---

[1] Ropertz 235 Urk. 36.

[2] Ebenda ... ad redimendum vexationes et exactiones eiusdem monasterii, si contingant.

[3] In ähnlicher Weise verzichteten ungefähr 50 Jahre früher, im Jahre 1258, Abt und Konvent sogar freiwillig für die Zeitdauer von zwei Jahren auf ihre Präbenden, um die Schulden der Abtei, die durch Unglücksfälle auf 400 Mark angewachsen waren, tilgen zu können. Während dieser Zeit hatten zwei Ritter als Kommissarien die innere und äussere Verwaltung in Händen und schieden für Abt und Konvent das Notdürftigste zum Lebensunterhalt von den Einkünften aus. Düsseldorf St. A. Urk. Nr. 23.

[4] Durchschnittlich hat die Zahl der Mönche, wie aus einzelnen Urkunden wahrscheinlich wird, meistens zwischen 20 und 30 geschwankt.

die alle im gemeinsamen Dienste des Abtes und Konventes standen.¹

Die Kollation sämtlicher Klosterämter war, wie gesagt, bis zur Teilung der Einkünfte ein Recht des Abtes gewesen, ohne dass er jemals seinem Konvente einen Einfluss auf die Wahl der Beamten eingeräumt hätte. Von jetzt ab war dieses Verhältnis zum Teil anders. Der Konvent hatte wenigstens zu den wichtigsten Aemtern ein Mitwahlrecht erlangt. Prior, Kellner und Kamerarius wurden nunmehr gemeinsam von Abt und Konvent ernannt, während dem ersteren das Recht verblieb, über die anderen Aemter frei zu verfügen, ohne dabei den Konvent oder den Rat der älteren Mönche in Anspruch nehmen zu müssen. Vollständig abgesprochen wurde dem Abte die Befugnis, das Schultheissenamt in Kempen und Oedt zu vergeben. Weil die dortigen Gefälle besonders dem Konvente überwiesen waren, musste auch die Wahl des Beamten, der vor allen Dingen für das regelmässige Einlaufen der Abgaben zu sorgen hatte, dem Konvente zustehen. Im Territorium Gladbach ernannte natürlich der Abt selbst den Schultheiss, der auch hier weit mehr als der wichtige grundherrliche Beamte hervortritt.²

c) Der Amtscharakter des Schultheissen, der auch vereinzelt scoltetus³ und Lehnstatthalter⁴ genannt wird, lässt sich aus den überlieferten Quellen nicht klar erkennen. Wenigstens sind wir nicht imstande, sein Arbeitsfeld, das sich wahrscheinlich mit der Zeit immer mehr erweitert hat, genau zu umgrenzen. Wollen wir uns ein einigermassen klares Bild von den Befugnissen dieses Amtes entwerfen, so sind wir gezwungen, auf dessen Ursprung einzugehen. Zweifellos ist der Schultheiss des späteren Mittelalters aus dem Villikus eines Fronhofes hervorgegangen. Wir werden nicht

---

[1] Ropertz 235 Urk. 36. ... officiatorum nostrorum communitati servientium.
[2] Düsseldorf St. A. Urk. Nr. 204.
[3] Akten N. 23 b fol. 247.
[4] Akten N. 22 fol. 65.

fehl gehen, wenn wir annehmen, dass das Meieramt des Fronhofes zu Gladbach, dem wir die Bedeutung eines Oberhofes mit einem ausgedehnten Wirtschaftsbezirk zusprechen können, nach Auflösung des alten Systems in allen seinen Funktionen weiter bestehen blieb. Dieser Villikus wird auch fernerhin dafür gesorgt haben, dass die Abgaben der Laten und die Zinsen aus den verpachteten Ländereien des früheren Fronhofes regelmässig an die Abtei einliefen. Er wird, wie einst, Streitigkeiten zwischen den Laten geschlichtet, also die niedere Gerichtsbarkeit im Namen des Abtes ausgeübt haben, und was sonst noch zu den Pflichten eines Villikus gehörte. Als sich dann allmählich im ganzen Territorium das Fronhofsystem auflöste, wird seine Bedeutung immer mehr gestiegen sein, weil auch seine Tätigkeit jetzt eine ausgedehntere und seine Verantwortlichkeit bei dem weiten Gebiete, worüber sich die Macht seines Amtes erstreckte, eine grössere wurde.

Es drängten sich infolge des erhöhten Ansehens und des voraussichtlich guten Einkommens auch durchweg Leute vom Adel und von vornehmer Herkunft zu diesem Amte.[1] Selbstverständlich wurden solche vom Abte ausschliesslich gewählt oder wenigstens bevorzugt, weil der Schultheiss bei seiner Tätigkeit über eine gewisse Bildung verfügen musste. In seiner Hand vereinigten sich allmählich, weil der Abt ihm volles Vertrauen entgegenbrachte, die Fäden der ganzen Geschäftsführung. Abgesehen von seiner Pflicht, für die Einkünfte der Abtei zu sorgen, wurde er zu den Uebertragungen der Latenhufen, zu den Verpachtungen der Höfe und später auch zu den Belehnungen als Zeuge oder zur Mitarbeit herangezogen. Wahrscheinlich hat er in der ersten Zeit, wie aus den Quellen zu schliessen ist, bei diesen Uebertragungen nur als Zeuge fungiert, während er am Ausgang des Mittelalters Buch darüber führte, eine Tätigkeit, die jedenfalls vom Kellner auf ihn übergegangen ist, denn um diese Zeit tritt die Person des Kellners bei solchen Vergabungen immer mehr zurück. Zu seinen vornehmsten Pflichten gehörte die Aufgabe, die Rechte des Klosters nach aussen hin neben dem Vogte

---

[1] Düsseldorf St. A. Urk. Nr. 48 und 204.

und zumeist gegenüber dem Vogte zu wahren. Er sass als Vertreter des Abtes neben dem Vogte zu Gericht. Bei geringen Vergehen wird er allein als Richter aufgetreten sein.[1]

Für seine vielseitige Tätigkeit wurde er nicht mit einem festen Gehalte abgefunden, sondern mit einem Lehnsgut ausgestattet. Vereinzelt tritt er bei Belehnungen in seiner Eigenschaft als Lehnsmann des Abtes auf.[2] Von den Gerichtsgefällen floss ein Teil in seine Tasche,[3] und bei Vergabungen von Gütern erhielt der Schultheiss von den Belehnten oder Laten als Belohnung für seine Mühe eine Flasche oder einige Quart Wein. Als Gehilfe stand ihm bei Belehnungen ein Lehnsschreiber zur Seite. Aehnlich lagen die Verhältnisse des Schultheissen in Kempen und Oedt, jedoch ist sein Amtsgebiet hier von kleinerem Umfange gewesen.

Als Unterbeamten des Schultheissen sind in der äusseren Verwaltung der Klostergüter die Boten verwandt worden, die nach Auflösung des Fronhofsystems den Verkehr der abteilichen Untertanen mit dem Grundherrn vermittelten.[4] Für das Territorium Gladbach wurden zwei gewählt, die alljährlich, wenn wir uns einen Rückschluss aus jüngeren Quellen gestatten dürfen, den Zehnten von dreissig Morgen Land für ihre Arbeitsleistung erhielten.[5]

Schultheiss und Boten waren es also, die in den letzten Jahrhunderten des Mittelalters wesentlich dazu beitrugen, dass die lokale Verwaltung des klösterlichen Grundbesitzes sich in den rechten Bahnen fortbewegte, dass Entfremdungen der Güter durch die jeweiligen Inhaber unmöglich gemacht wurden, und dass vor allen Dingen die Erträgnisse auch dem Zwecke, zu dem sie bestimmt waren, entsprachen. Waltete der Schultheiss tatkräftig und ehrlich seines Amtes, dann mussten die Einkünfte bei dem damaligen Bestande der Grundherrschaft, abgesehen von milden Stiftungen und sonstigen

---

[1] Vgl. Kap. I Seite 38.
[2] Akten Nr. 22 fol. 1 ff.
[3] Vgl. Kap. I Seite 38.
[4] Vgl. Kap. I Seite 53.
[5] Kopiar 3 fol. 10—11.

Zuwendungen, so reichlich in den Räumen der Abtei zusammenströmen, dass Abt und Konvent instand gesetzt wurden, sämtliche Ausgaben zu bestreiten und sogar Ueberschüsse aufzuspeichern.

d) Noch gilt es, soweit es noch nicht geschehen ist, einen Blick auf die Verwendung der Einkünfte an der Zentrale zu werfen. Bei dem Mangel an ausreichendem Quellenmaterial ist es nicht möglich, die Gesamthöhe sämtlicher Einkünfte der Abtei in einem bestimmten Jahre auch nur ungefähr zu ermitteln. Auf die provisorische Angabe der fremden Aebte, die zwischen Abt und Konvent die erste Teilung vornahmen und bei dieser Gelegenheit den vierten Teil der Einkünfte auf 100 Malter Roggen, 125 Malter Hafer und 25 Mark einschätzten, können wir uns nicht verlassen, zumal sie aus einer Zeit stammt, wo vermutlich die Höhe des einlaufenden Ertrags hinter dem Sollbestande weit zurückblieb. Hat das abteiliche Malter, was jedoch nicht wahrscheinlich ist, 12 Scheffel enthalten, wie in verschiedenen Gegenden Deutschlands, so könnte die Angabe wohl stimmen, weil dann die Einnahmen der Abtei denen anderer Grundherrschaften verhältnismässig entsprechen würden. Auch haben die Aebte, wie es scheint, nur die Hauptlieferungen an Roggen, Hafer und Geld in Anschlag gebracht, während sie die Nebenleistungen an Hühnern, Eiern, Schweinen, Holz, Stroh usw. und die Einkünfte der verschiedenen Offizien ausser acht liessen.

Wie es in einer geistlichen Grundherrschaft, die mannigfachen Zwecken zu dienen hatte, erforderlich war, fanden die Abgaben der abteilichen Hintersassen und alles Einkommen des Klosters die verschiedenste Verwendung. Ein Bruchteil wurde jedenfalls schon an Ort und Stelle verausgabt, um die Kosten des Einsammelns zu bestreiten. Alles andere wurde in die gemeinsame Kasse, in das granarium, gebracht, das der Kellner zu verwalten hatte. Aus dieser Kasse wurden zum weitaus grössten Teile die Ausgaben der Abtsmensa bezahlt, und erhielten die Konventsmitglieder ihre regelmässigen Bezüge. Der Aufwand des Abtes, den er im Interesse seiner Herrschaft machen musste, wird im allgemeinen den vierten Teil der Jahreseinnahme gefordert haben, denn bei der Teilung der Einkünfte im Jahre 1292 wurde ihm ein Viertel des jährlichen Einkommens zugewiesen.[1] Ausserdem erhielt der Abt als Mitglied der Genossenschaft die Bezüge eines jeden Mönches. Man schied die Insassen des Klosters in vollberechtigte Konventsmitglieder, die man personae emancipatae nennen könnte,[2] und Scholaren. Die Portion, die man den letzteren zuteilte, bestand ausschliesslich in einer einfachen Scholarenpräbende, während man die Bezüge eines vollberechtigten Mitgliedes in drei Teile einteilen könnte: 1) in die sogenannte Präbende, die den täglichen Lebensunterhalt ausmachte, und dementsprechend in den nötigen Lebensbedürfnissen bestehen musste, wie Brot, Bier und Geld, 2) in Bezügen, die an Sonn- oder Festtagen oder an den Weihetagen von Kapellen und Altären regelmässig ausgezahlt wurden, 3) in Zuwendungen, die aus milden Stiftungen, Seelenmessen und den Ausstellungen der Reliquien, die seit 1457 durch eine Verordnung des Erzbischofs von Köln alljährlich stattfanden,[3] herstammten.

Ueber die Verteilung der Präbende, die den wichtigsten Bestandteil des Unterhaltes ausmachte, sind wir nicht unterrichtet. Wahrscheinlich wird es aber Aufgabe des Priors gewesen sein, für eine regelmässige und gerechte Verteilung an die Brüder Sorge zu tragen.

Ob dem Abte das Recht zustand, einen Mönch, der sich in grober Weise gegen die klösterlichen Regeln vergangen hatte, von seiner Präbende zu suspendieren, müssen wir unentschieden lassen, weil in dem uns vorliegenden Falle aus der Mitte des 14. Jahrhunderts, als sich die Disziplin im Gladbacher Kloster ganz bedenklich gelockert hatte, eine solche Verordnung vom Kölner Erzbischof ausging.[4]

---

[1] Ropertz 225 Urk. 31.
[2] Wurden die Scholaren nach ihren Studien unter die älteren Mönche aufgenommen, so wurden sie von der Schule emanzipiert. Ropertz 259 Urk. 49. Vgl. auch Koetzschke, Studien 130.
[3] Ropertz 292 Urk. 68.
[4] Ropertz 275 Urk. 57.

Mehr wissen wir über die aussergewöhnlichen Zuwendungen, die jedes Konventsmitglied beanspruchen konnte. Zur Verteilung gelangte vor allen Dingen Geld und Brot. An allen Sonntagen und an den Aposteltagen erhielt ein jeder ein Brot, das vier Denare kosten sollte.[1] Am Gedächtnistag der Hl. Vitus, Cornelius, Cyprianus und anderer und am Weihetage der beiden Kapellen zu den hl. Aposteln und der hl. Maria Magdalena wurden 4 Solidi und 6 Denare verteilt.[2] Bei der Verpachtung des Engelshofes zu Holt im Jahre 1335 übernahm der Pächter die Verpflichtung, einem jeden Bruder zu Weihnachten 12 Denare zu liefern. Die Verteilung dieser aussergewöhnlichen Bezüge lag in der Hand des Priors, der vom Abte meistens ausdrücklich dazu verpflichtet wurde.[3] Auch konnte unter Umständen, wenn vielleicht der Prior mit Arbeit zu sehr überlastet war, irgend ein Bruder aus der Mitte des Konventes für diese Aufgabe gewählt werden.[3]

Aehnlich stand es um die dritte Art der Einkünfte aus den Stiftungen, die von Laien und Mönchen zu ihrem Seelenheil am Kloster gemacht wurden. Die Präsenzgelder wurden bei der Feier des Seelenamtes des Stifters nur an die auf dem Chore anwesenden Brüder durch die Hand des Priors vergeben, während die Abwesenden kein Recht daran hatten.[4] Der Priester und Mönch Ludwig von Kempenich traf im Jahre 1269 die genauere Bestimmung, dass später an seinem Gedächtnistag der zelebrierende Priester zwei Denare, sein Diakon einen und der Subdiakon, wie jeder andere Bruder, einen Obolus erhalten solle. Ebenfalls sollte an den Glöckner bei den Vigilien und bei der Messe ein Obolus ausgezahlt werden.[5] Andere wieder liessen ausschliesslich den Priestern die Präsenz-

---

[1] Ropertz 195 Urk. 9. ... ut omnibus dominicis diebus et apostolorum festivitatibus habeant singuli singulos cuneos, quales emuntur IV denariis.

[2] Ebenda 185 Urk. 2.

[3] Ebenda 195 Urk. 9.

[4] Ebenda 216 Urk. 25. ... unicuique fratrum presenti in choro et non absenti obolum unum.

[5] Ebenda 216 Urk. 25.

gelder zukommen¹ Bei diesen Seelenämtern hatte man auch gewöhnlich der Armen gedacht, die gleich den Brüdern mit Geld oder Brot beschenkt wurden. Die Einkünfte des Engelshofes waren, wie erwähnt, sämtlich für die Armen bestimmt.

Weitere Verwendung fand das klösterliche Einkommen bei Bauten, die an der Abtei selbst, an den ihr inkorporierten Kirchen² und auf den Höfen vorzunehmen waren. Reichten zu diesem Zwecke, wie es bei grösseren Neubauten natürlich war, die überschüssigen Mittel des Klosters nicht aus, so mussten es sich die Konventsmitglieder gefallen lassen, dass ihre Präbenden geschmälert wurden.

Als im Jahre 1343 der Münsterturm, das Kloster und die Wohnung des Abtes so in Verfall geraten waren, dass eine Wiederherstellung unbedingt nötig war, bestimmte der damalige Abt auf die Bitte des Konvents hin, der eine Verringerung der Präbenden vermeiden wollte, dass das Marien-Rektorat in der Krypta und das Offizium der Kustodie mit allen Opfergaben und Einkünften an den Konvent übergehen solle, um die nötigen Baumittel aufzubringen. Der Konvent übernahm dafür die Baukosten, die für Turm und Kloster aufzuwenden waren, während der Abt, der sich die Gefälle der Juikländerei vorbehielt, die Abtsgebäude erneuerte. Das Rektorat des Marien-Altars sollte auch nach dem Tode des Abtes mit sämtlichen Opfergaben als ständiger Fabrikfonds des Klosters dienen, wofür der Konvent alle Obliegenheiten des Altars zu erfüllen hatte.³ Uebrigens wussten sich bei solchen Gelegenheiten Abt und Konvent stets zu helfen. Sie verstanden es, wenigstens einen Teil der Lasten von ihren Schultern abzuwälzen. Entweder bestürmten sie den Kölner Erzbischof so lange mit Bitten, bis er dem Kloster eine Kirche mit den zugehörigen Gefällen inkorporierte,⁴ oder sie setzten es durch, dass für alle, die zum Baue der Kirche beitrugen

---

[1] Ropertz 254 Urk. 46. . . . cedant in perpetuum fratribus dicti nostri conventus actu sacerdotibus distribuenda per priorem.

[2] Ebenda 229 Urk. 32.

[3] Ebenda 266 Urk. 53.

[4] Ebenda 206 Urk. 16, 243 Urk. 40,

oder sie an bestimmten Festtagen, natürlich mit den nötigen Geschenken, besuchten, von den verschiedensten Kirchenfürsten, selbst von solchen fremder Nationalität, ein Ablass ausgeschrieben wurde.[1]

Abgesehen von diesen Einzelfällen, die die überschüssigen Mittel des Klosters ganz in Anspruch nahmen, waren viele Aebte darauf bedacht gewesen, die liegenden Güter ihres Klosters durch Ankaufen von Höfen und Ländereien zu vermehren, um mit den wachsenden Einkünften die Präbenden aufzubessern und ihre ganze Lebenshaltung reichlicher zu gestalten.[2] Auch nach der Teilung der Einkünfte macht sich dasselbe Bestreben bemerkbar, solange die klösterliche Disziplin noch den Anforderungen der Ordensregeln entsprach. Besonders bald nach der Sonderung der Einkünfte scheinen sich in der Abtei die Kapitalien angesammelt zu haben, eine Erscheinung, die wir auf die glückliche Einrichtung eines Reservefonds, der allen möglichen Zwecken dienen konnte, zurückführen müssen. Fast alle Fälle des Rentenkaufes, die uns in Fülle urkundlich erhalten sind, stammen aus der ersten Hälfte des 14. Jahrhunderts.[3]

Infolge des kirchlichen Zinsverbotes war es im Mittelalter nur den Lombarden, den oberitalienischen Geldwechslern, und den Juden möglich, sich durch Geldgeschäfte zu bereichern,[4] während es den Angehörigen der christlichen Kirche verboten war, Zins zu nehmen.[5] Man sah sich jedoch

---

[1] Ropertz 224 Urk. 30, 230 Urk. 33

[2] Ebenda 192 Urk. 7, 194 Urk. 8, 195 Urk. 9, 201 Urk. 13 u. a.

[3] Düsseldorf St. A. Urk. Nr. 47, 49, 53, 54, 55, 58, 60, 61, 63, 66, 69, 80, 81, 84, 88, 91, 93, 103.

[4] Auch in Gladbach scheinen die Juden schon früh Geldgeschäfte gemacht zu haben, denn als im Jahre 1337 Abt und Konvent den Beekerhof für 250 Mark ankauften, stellten sich die Juden ein, bei denen der Verkäufer verschuldet war, und steckten die ganze Summe ein. Kopiar IV² fol. 1.

[5] v. Bezold, Geschichte der deutschen Reformation 33. Neumann, Geschichte des Wuchers in Deutschland bis 1654 Halle 1865. Endemann, Studien in der romanisch-kanonischen Wirtschafts- und Rechtslehre I 9 ff. II 103 ff.

gezwungen, dieses Verbot, so gut als möglich, zu umgehen, und selbst die Herren geistlicher Grundherrschaften legten ihre überflüssigen Kapitalien auf dem Wege des sogenannten Rentenkaufes fruchtbringend an und bezogen mit ruhigem Gewissen 7—8 Prozent Rente. Man verkaufte einem Grundbesitzer, der Geld benötigte, ein bestimmtes Kapital und erhielt als Kaufpreis eine jährliche Rente, die vom Schuldner aus seinem Besitze angewiesen wurde. Ablösbar war eine solche Rente in früherer Zeit nicht. Erst in den letzten Jahrhunderten des Mittelalters wurde dem Schuldner die Möglichkeit geschaffen, gegen Rückerstattung des aufgenommenen Kapitals die Rente abzulösen.[1] Damit näherte sich der Rentenkauf immer mehr unseren heutigen Zinsgeschäften. Die Abtei hat in sehr vielen Fällen auf diese Weise ihre Ueberschüsse gewinnbringend verwendet und ihren Hintersassen die nötigen Kapitalien zugänglich gemacht.

[1] Düsseldorf St. A. Urk. Nr. 205, 219.

Schlussbetrachtung.

◊ ◊

Werfen wir zum Schlusse noch einmal einen kurzen Ueberblick auf die äussere Verwaltungsgeschichte der Abtei und das innere Klosterleben, so muss uns in die Augen fallen, dass mit dem Verschwinden des mönchischen Genossenschaftsideals eine Umgestaltung der Verwaltung des klösterlichen Grundbesitzes Hand in Hand geht. Bis ins 13. Jahrhundert sind die Mönche Gladbachs den Regeln Benedikts treu geblieben. Sie erwiesen durch Gottesdienst, Lehre und Pflege der Armen und Notleidenden den Bewohnern ihres Gebietes Wohltaten. Freilich haben sie auch weiterhin in der ganzen Gegend pastoriert, jedoch wurden sie jetzt weniger durch religiöse Pflicht und christliche Nächstenliebe als vielmehr durch materielle Vorteile dazu bestimmt. Mit der Inkorporation einer Pfarrkirche fielen selbstverständlich auch die Gefälle der Kirche den Mönchen zu. Im 13. Jahrhundert hörte man zuerst von dem Verfalle der klösterlichen Zucht und Disziplin. Ausschreitungen einiger Mönche, die dem Adel angehörten, werden als »enorme Exzesse« bezeichnet. Zur Verweltlichung des Klosterlebens haben vor allem zwei Momente beigetragen, nämlich das Vorherrschen des adligen Elementes im Kloster und das Anwachsen des klösterlichen Vermögens.

Die jüngeren Söhne des Adels wurden vielfach, um ein gesichertes Auskommen im Leben zu haben, ohne Lust und Neigung zum Klosterleben bestimmt. Sie konnten sich unmöglich den strengen Ordensregeln anpassen, sondern versuchten ihr früheres Leben weiter zu führen. Mit dem wachsenden Reichtum wurde das Klosterleben dann aber der

Gefahr der Verweltlichung ausgesetzt. Der Abt und die Herren vom Konvente waren bei ihrem ausgedehnten Besitze, der ihnen Reichtümer in Fülle abwarf, nicht mehr gezwungen, selbst wirtschaftlich tätig zu sein, wie die Regel Benedikts es verlangte. Sie begnügten sich damit, Renten und feste Abgaben zu beziehen, während sie den Eigenbetrieb vollständig aus der Hand gaben.

Die Neueinrichtung der lokalen Verwaltung, die trotz der Verweltlichung des Klosterlebens einheitlich blieb, liess eine Auflösung der Grundherrschaft allerdings nicht Platz greifen. Am Ausgang des Mittelalters wurde dann auch durch Anschluss an die Bursfelder Kongregation im inneren Klosterleben endgültig Wandel geschaffen, und die Mönche wieder auf die Regeln des Ordensstifters als Genossenschaftsideal hingewiesen. So konnte sich die Abtei bis in die jüngste Zeit erhalten, in die sie allerdings, da sie als mittelalterliche Einrichtung der Entwickelung des modernen Wirtschaftslebens nur hemmend entgegenstand, nicht mehr passte.

www.ingramcontent.com/pod-product-compliance
Lightning Source LLC
Chambersburg PA
CBHW030123240426
43673CB00041B/1381